TAROT
El Espejo de la Vida

Mario Montano

TAROT
El Espejo de la Vida

MANUAL PARA EL TAROT WAITE®

Primera edición: octubre de 2001
Novena reimpresión: enero de 2018

Título original: *Tarot, Spiegel des Lebens*

Traducción: Mirta Zampieri

© Urania Verlags AG,
   CH-8212 Neuhausen am Rheinfael, Suiza

Publicado por acuerdo con Urania Verlags

De la presente edición en castellano:
© Arkano Books, 2001
   Alquimia, 6
   28933 Móstoles (Madrid) - España
   Tels.: 91 614 53 46 - 91 614 58 49
   E-mail: alfaomega@alfaomega.es
   www.alfaomega.es

Depósito Legal: M. 50.394-2008
I.S.B.N.: 978-84-89897-47-2

Impreso en España por: Artes Gráficas COFÁS, S.A. - Móstoles (Madrid)

Cualquier forma de reproducción, distribución, comunicación pública
o transformación de esta obra solo puede ser realizada con la autorización
de sus titulares, salvo excepción prevista por la ley. Diríjase a CEDRO
(Centro Español de Derechos Reprográficos, www.cedro.org)
si necesita fotocopiar o escanear algún fragmento de esta obra.

Índice

El Tarot 11
   Prólogo 13
   El tarot Rider-Waite 19

Los Arcanos Mayores 21
      Introducción 23
      0. El Loco 27
      I. El Mago 30
     II. La Suma Sacerdotisa 32
    III. La Emperatriz 35
    IV. El Emperador 37
     V. El Sumo Sacerdote 40
    VI. Los Enamorados 42
   VII. El Carro 45
  VIII. La Fuerza 48
    IX. El Ermitaño 51
     X. La Rueda de la Fortuna 54
    XI. El Justicia 57
   XII. El Colgado 60
  XIII. La Muerte 63
  XIV. La Templanza 65
   XV. El Diablo 68
  XVI. La Torre 72
 XVII. La Estrella 74
XVIII. La Luna 77
  XIX. El Sol 79
   XX. El Juicio 81
  XXI. El Mundo 83

Las Figuras de la Corte 87
Las Figuras de la Corte 89
Sota de Espadas 91
Sota de Bastos 92
Sota de Copas 93
Sota de Oros... 94
Caballo de Espadas 95
Caballo de Bastos 96
Caballo de Copas 97
Caballo de Oros 98
Reina de Espadas 99
Reina de Bastos 100
Reina de Copas 101
Reina de Oros 102
Rey de Espadas 103
Rey de Bastos 104
Rey de Copas 105
Rey de Oros 106

Experimentos con las Figuras de la Corte 107
Reina y Rey de Espadas 107
Reina y Rey de Bastos 108
Reina y Rey de Copas 109
Reina y Rey de Oros 110
La familia de las Espadas 111
La familia de los Bastos 111
La familia de las Copas 112
La familia de los Oros 112

Los Arcanos Menores 113
Introducción 115
Los Números 117

As de Espadas	123
Dos de Espadas	125
Tres de Espadas	126
Cuatro de Espadas	127
Cinco de Espadas	128
Seis de Espadas	129
Siete de Espadas	130
Ocho de Espadas	131
Nueve de Espadas	132
Diez de Espadas	133
As de Bastos	135
Dos de Bastos	136
Tres de Bastos	137
Cuatro de Bastos	138
Cinco de Bastos	139
Seis de Bastos	140
Siete de Bastos	141
Ocho de Bastos	142
Nueve de Bastos	143
Diez de Bastos	144
As de Copas	145
Dos de Copas	146
Tres de Copas	147
Cuatro de Copas	148
Cinco de Copas	149
Seis de Copas	150
Siete de Copas	151
Ocho de Copas	152
Nueve de Copas	153
Diez de Copas	154
As de Oros	155
Dos de Oros	157

Tres de Oros	158
Cuatro de Oros	159
Cinco de Oros	160
Seis de Oros	161
Siete de Oros	162
Ocho de Oros	163
Nueve de Oros	164
Diez de Oros	166

Las Tiradas del Tarot ... 169

Introducción ... 171

Visualización ... 175

Sueños ... 176

Técnicas para echar el Tarot ... 177

- La tirada de tres cartas ... 177
- La tirada de cinco cartas ... 178
- La tirada de siete cartas ... 179
- La tirada de diez cartas ... 180
- El árbol de la vida ... 181
- La tirada de los chakras ... 182
- Tiradas abiertas ... 183

Acerca del autor ... 185

El Tarot

Prólogo

En todos los confines de la Tierra, a lo largo del tiempo, el ser humano ha buscado respuestas a sus interrogantes; ha preguntado al firmamento estrellado, al vuelo de las aves, a los palillos, a las monedas, a las hojas de té, a los dados, a las entrañas de los animales, ha echado las cartas..., y de hecho llegaron respuestas.

Se creía que Dios estaba en todas partes. Si es cierto que ni tan siquiera la hoja de un árbol puede moverse sin la voluntad divina, entonces debería bastar con observar el movimiento de las hojas para adivinar la voluntad de Dios. La búsqueda de respuestas era considerada una actividad sagrada que llevaban a cabo los adivinos, los astrólogos, los chamanes; pues el universo es sólo Uno, y la misma fuerza que mueve los planetas hace rodar los dados... «Al igual que arriba, así abajo.»

La astrología y el Tarot, en nuestra cultura occidental, siempre han trabajado en la creencia de que hay una conexión entre fenómenos que a primera vista parecen completamente diferentes. Es una relación de similitud, de afinidad, de simpatía, de sincronización; al contrario que la acostumbrada relación de causa y efecto que se aplica a los acontecimientos. En astrología se asume que, en el momento del nacimiento, la personalidad completa se refleja en la constelación de los astros. Mediante los símbolos del Tarot o del *I Ching* que aparecen sobre la mesa se puede llegar a visualizar la respuesta a la pregunta que rondaba la mente al mezclar las cartas o al lanzar la moneda.

El juego funciona sea cual sea la explicación que uno pretenda encontrar; se juega desde hace siglos y sigue haciéndose en la actualidad. Los orígenes históricos del Tarot son algo contradictorios y están envueltos en el misterio. En el siglo XIV aparecieron por primera vez en Europa las cartas del Tarot. Hay quien dice que llegaron de India o de China, otros ven sus orígenes en España o en los árabes. Mientras que algunos son de la opinión de que el Tarot era utilizado por los gitanos, otros, por el contrario, creen que llegó, de la mano de los cruzados, procedente de Tierra Santa. Otra historia cuenta cómo las cartas del Tarot surgieron en un congreso de cabalistas de Marruecos, con la intención de salvaguardar sus enseñanzas del fuego de la Inquisición. Hay también gente que sitúa en Egipto los orígenes del Tarot, desde donde a través de los siglos se transmitió por los gnósticos, pitagóricos y alquimistas.

Toda esta cuestión nos parece a nosotros excesivamente académica. Más bien estamos de acuerdo con Aleister Crowley cuando dice que los orígenes del Tarot son absolutamente irrelevantes, aun cuando se consiguieran demostrar, pues el Tarot debe medirse por sus propios méritos.

Creemos que la tradición esotérica y aclaratoria del destino ha pasado por alto —mediante la larga lista de opiniones convencionales— la verdadera esencia del Tarot; es decir: que es un medio para el subconsciente. Este libro de Tarot se diferencia de otros en un aspecto muy importante: no señalamos un significado absoluto para las cartas, sino que ofrecemos la posibilidad de una interpretación entre otras muchas. No queremos quedarnos atados a explicaciones exclusivamente racionales.

Las interpretaciones provienen de un contexto determinado y llevan consigo modelos de opinión que impiden a los símbolos actuar plenamente sobre ti. Nuestro sistema mental quisiera convertir lo desconocido en conocido, para asegurarse así de que nada pueda amenazar la identidad firmemente establecida. De esta manera es imposible aprender algo nuevo, porque sólo aprendemos por la experiencia, no porque acumulemos cada vez más conocimientos. Puedes haber aprendido diez expresiones diferentes para el amor, pero no sabrás lo que se siente a menos que seas capaz de amar. La comparación con los sueños puede contribuir a la aclaración de este punto. El profundo poder transformador de un sueño consiste en que va más allá del conocido modelo de todos los días y en que permite de esa forma alcanzar un nuevo punto de vista, una nueva intuición y otras verdades. Precisamente por ser ilógicos, los sueños nos pueden ser de mucha ayuda para nuestra propia comprensión. Cuando la razón se muestra insuficiente para entender el mensaje del Tarot, debemos encontrar otro camino; en concreto, el camino de la intuición.

La «intuición», por naturaleza, se resiste a ser definida con precisión; por ello es más fácil decir lo que no es que afirmar lo que es. La intuición no es un conocimiento racional, puesto que el conocimiento procede del pasado y el pasado, en realidad, no existe; es sólo una idea de nuestra razón. Si tratamos de encontrar las respuestas a nuestras preguntas por la vía de la razón, no podremos acceder simultáneamente a un plano intuitivo.

La verdad sólo se puede hallar en el presente, en la persona que formula una pregunta y en la carta que se ha sacado en ese momento. Todo lo que no fluya directamente del aquí y ahora de la situación, te impedirá ver.

La intuición no es conocimiento racional, sino una captación inmediata e integral. El presente es un fenómeno muy fugaz. Debemos ser muy conscientes y estar muy despiertos para verlo antes de que se nos escape de las manos. En un plano más profundo de la conciencia no existe un tiempo para reflexionar. No es posible pensar y conocer al mismo tiempo. Haz la prueba, al observar una puesta de sol o el fluir del agua: en el momento en que empiezas a pensar, ya has perdido el objeto de tu observación. Y no es que las cosas desaparezcan a tu alrededor; están. Quien no está eres tú. No pienses, mira cuidadosamente; no analices, observa; no interpretes, visualiza. No cierres la puerta a las cartas del Tarot, deja que entren en ti y observa cómo las imágenes adquieren vida por sí mismas, cómo las figuras comienzan a moverse y a hablarte. Su deber es hablarte y repetir lo que te dicen. Sólo de este modo podrás ser un médium para el mensaje que desea expresarse en ti.

El conocimiento racional es «agresivo», activo, porque él ya sabe y no desea más que demostrarlo. La intuición es pasiva, quiere seguir aprendiendo; se parece más al amor, es abierta y receptiva.

Tomemos como ejemplo una rosa. El científico le haría una foto, la estudiaría y compararía con todas las especies de rosas conocidas; tomaría nota de sus características, la clasificaría, le pondría un nombre y la cortaría en trozos con un cuchillo para investigar su funcionamiento, estudiar su biología y química interna. Finalmente, escribiría un informe. La foto, el nombre y el informe se conservarían en el futuro; lo que queda de la rosa iría a parar al cubo de basura. La persona intuitiva, por el contrario, prestará a la rosa toda su atención. La mirará, olerá su fragancia, la amará, se sentirá unido a ella y estará agradecido por la existencia de semejante belleza. Y en esa comunicación tan profunda, quizá la rosa te descubra su misterio, quizá te dé un mensaje...

Si conoces las últimas investigaciones sobre «la vida secreta de las plantas» o el experimento Findhorn, con el que se crearon maravillosos jardines a través de la comunicación psíquica con las plantas, sabrás que todo esto es más que simple imaginación poética. La intuición se estimula a través de la relación con los símbolos. Éstos son como antenas que la intuición utiliza para captar ondas de vibración muy sutil, que escapan a nuestra razón.

Los símbolos son prototipos de muchas capas, canales que actúan de modo distinto sobre las diferentes personas. Podemos observarlos desde perspectivas diversas y su significado sólo se revela en un momento concreto, para una persona específica y en una situación precisa. En el Tarot es muy importante resistir la tentación de ir adjudicando significados a los símbolos. Tal como escribió P. D. Ouspensky, «un símbolo sólo puede estimular nuestra intuición y proponer cosas nuevas si no se lo "fija"». Los símbolos verdaderos se hallan en proceso de creación permanente. Apenas se les adjudique un significado, se transforman en jeroglíficos y quedan reducidos, finalmente, a un alfabeto más.

O como dicen las palabras de Jung: «Un símbolo (está) vivo, si (...) es la mejor y más alta expresión de algo que ya puede sentirse, pero aún no puede conocerse.» Si es verdad que los símbolos adquieren en cada situación un significado nuevo, el mensaje del Tarot sólo puede captarse aquí y ahora e intuitivamente. Todo intento posterior de reconstruir o reinterpretar una tirada dejará fuera lo más importante, ya que falta la situación vital en la que la interpretación surge.

Quizas una nueva comparación con los sueños pueda volver a ayudarnos. Todos hemos tenido, al menos una vez en nuestra vida, un sueño, cuya inmediatez y vivacidad ha superado con creces las vivencias cotidianas. En estas clases de sueños, los símbolos se hallan fuertemente cargados de significados y son, no obstante, tan inequívocos e intensos que ninguna interpretación posterior del sueño podría hacerlos justicia. Lo mismo ocurre con el Tarot. Las mejores tiradas del Tarot son exactamente igual que esos sueños intensos; su mensaje emocional nos calará tan hondo por «debajo de la piel» como ellos y nos transformará a un plano que se halla mucho más allá de la razón. Durante un sueño, algunas personas han podido realizar la experiencia de tomar conciencia, de pronto, de que están soñando. Quien haya experimentado esta dimensión recordará también cómo el soñar se transforma en esos momentos en un acto profundo y creativo, un acto colmado de fuerza y libertad sin límites. Así es el proceso del Tarot: la creación de un sueño transparente, en el que nos permitimos soñar en pleno estado de conciencia... Y si eres conciente de que estás soñando, también puedes despertar.

¿Cuál es, pues, el sentido de una tirada del Tarot? La mayoría de los autores hacen depender el valor del Tarot de lo que la persona sea capaz de hacer después. Para nosotros esto sólo es cierto en parte, ya que pensamos que la acción depende de la razón. Toda acción expresa una comprensión. Por este motivo, para nosotros el valor del Tarot se expresa en el grado en que nuestra conciencia despierta en ese momento y en la transformación que se produce en nuestra percepción: en cuánta transformación experimentas en ese momento y en el placer que te produce saber cosas nuevas de ti y poder dar una orientación diferente a tu vida.

El Tarot Rider-Waite

La baraja del Tarot consta de 78 cartas, de las cuales 40, los Arcanos Menores, se corresponden con las de las cartas de la baraja corriente, las cuales se dividen en cuatro series (Espadas, Bastos, Copas y Oros), numeradas de As a Diez. Además, existen las Figuras de la Corte: Sota, Caballo, Reina y Rey. Las 22 cartas restantes son las Cartas Mayores y se las denomina «Arcanos Mayores». Nuestra versión incluye también la Carta Blanca, que originariamente no pertenecía al Tarot.

El Tarot Rider-Waite fue publicado por primera vez en Londres, en el año 1910, por Rider and Company. El proyecto estuvo a cargo de Pamela Coleman Smith, quien siguió las instrucciones de Arthur Edward Waite, un miembro de la Orden Golden Dawn.

La particularidad del Tarot Rider-Waite es que contiene las ilustraciones de los Arcanos Menores. Las cartas concebidas por Pamela Smith son claras y de fácil percepción, aunque reflejan todas las experiencias humanas básicas. Quizá éste sea el motivo por el cual se han establecido como el Tarot estándar de nuestra época.

Los Arcanos Mayores

Introducción

La tradición cuenta que, con la ayuda de la baraja del Tarot, un hombre encarcelado puede enterarse de todo lo que necesita saber para huir, o bien para permanecer allí interiormente libre.

Todo lo que necesita conocer lo lleva ya en sí mismo, y los símbolos del Tarot no son más que la puerta hacia esa fuente interior.

Las cartas de los Arcanos Mayores representan el camino que recorremos en la vida humana. Expresan las 22 energías básicas de nuestro universo. Nos conducen en el camino hacia Dios, hacia la iluminación.

Todas nuestras vivencias y sueños, y todos los arquetipos posibles de nuestra experiencia, se pueden encontrar en estas 22 cartas. Son un espejo inagotable; cuanto más nos compenetramos con ellas, mayores son nuestros descubrimientos. Cada vez que nos encontramos con ellas vuelven a ser diferentes, a aparecer bajo una nueva luz.

En astrología, Venus es una fuerza de la naturaleza, un ser cuyo cuerpo es el planeta y cuyas vibraciones penetran en todo el sistema solar, incluidos nosotros. Venus no sólo es un símbolo de los sentimientos; es el cuerpo de estas vibraciones. Y cuando algo le pasa al planeta Venus, te ocurre simultáneamente a ti. Exactamente lo mismo sucede con la fuerza masculina, la agresión, que se expresa en el mundo. Es el trabajo de una energía que es mayor que nosotros mismos y cuyo cuerpo es el planeta Marte. En el Tarot, Marte está representado por el Emperador; Venus, por la Emperatriz. Pero la carta del Tarot no sólo es una imagen de esa energía; es al mismo tiempo la llave hacia ella. Es el camino hacia esa vibración, una puerta hacia ese estado de conciencia. Los Arcanos Mayores no son más que puertas de acceso hacia las energías básicas del ser humano, energías que son superiores a nosotros mismos. Cada uno de nosotros está formado por estas 22 energías, estén o no actualizadas en el presente.

Si nos detenemos a observarlas en su sucesión numérica podemos intentar seguir su historia. Nos parece natural distribuirlas en tres series de siete cartas: del Mago al Mundo. El Mago y la Carta Blanca las colocamos arriba de las tres series.

La historia que descubrimos en estas cartas es sólo una forma de interpretación; es decir, son posibles muchas otras. No creemos que la verdad pueda manifestarse sólo de una forma. La verdad está en la búsqueda de la verdad, así como el significado de la vida está en la vida misma.

En nuestra forma de echar las cartas se ve claro que se trata de la historia del Loco, que debe atravesar por diferentes fases en su vida, las cuales se proyectan sobre la pantalla vacía, sobre la Carta Blanca. La Carta Blanca simboliza la nada, el vacío. Al principio está la nada y esa nada se proyecta sobre la pantalla: la pantalla está vacía, del mismo modo en que estará vacía al final. Pero ahora comienza la película, un drama en tres actos. En la primera serie de siete cartas, las figuras están ordenadas como los actores principales en una galería. Aprendemos quién es quién, nos enteramos de las reglas del juego y de los condicionamientos básicos. Representan los años de formación de la personalidad. Se investiga el arquetipo «masculino», el «femenino», el «material», el «espiritual» y se experimentan combinaciones. Una serie de contradicciones, polaridades, se despliegan: masculino-femenino (Mago-Suma Sacerdotisa), femenino espiritual-

femenino material (Suma Sacerdotisa-Emperatriz), femenino material-masculino material (Emperatriz-Emperador), masculino material-masculino espiritual (Emperador-Suma Sacerdotisa)...

Todos estos actores pertenecen al mismo mundo, miran directamente a los ojos de quien los observa, exigen respeto y desean ser tratados de acuerdo con su rango. Con los Enamorados salimos de esta galería, entramos en el Sol y sentimos que algo nuevo se ha añadido. El Carro conoce el mundo y sus costumbres; él también tuvo una visión de la luz. Ahora está dispuesto a viajar a donde sea, en este mundo o en otro... La segunda serie muestra muchos países que se visitan en el viaje por la vida, muchos valles y altas cimas que se deben atravesar. Estos son los años del cambio. No se está demasiado tiempo ocupado con los ideales de la sociedad, con modelos externos. Sólo la Justicia nos mira directamente a los ojos; todos los demás actores están ocupados en sí mismos. A partir de ahora tiene lugar una crisis de identidad permanente. Nos preguntamos una y otra vez: ¿quién soy en realidad? Y existen muchos planos diferentes de respuestas: Soy mi cuerpo (la Fuerza), soy mi conciencia (el Ermitaño), tengo una identidad fija (la Rueda de la Fortuna), soy mi disciplina (la Justicia), soy un aprendiz (el Loco), soy (la Muerte)..., y continuamos, quitando una a una las capas de la cebolla. Las contradicciones son muy fuertes en esta fase; las polaridades, muy opuestas: cuerpo y espíritu (la Fuerza y el Ermitaño), meditación y locura (el Ermitaño y la Rueda de la Fortuna), cambio y estabilidad (la Rueda de la Fortuna y la Justicia), diciplina y dejarse llevar (la Justicia y el Colgado). Al llegar a la carta de la Templanza nos sentimos purificados, cristalizados, preparados para volar hacia la otra orilla. Pero no hay otra orilla, otro mundo. Esto, aquí, es todo lo que hay. La tercera serie comienza por el Diablo y termina con la danza del Mundo. Es la última etapa del viaje de la oscuridad a la luz. Para la mayoría de nosotros, éste es aún un territorio inexplorado; son los llamados planos supcriores de conciencia. Para quien haya estado delante del diablo alguna vez —es decir, perdido las últimas capas de su disfraz—, esto es lo que queda; es algo que está más allá de la razón. Después de la Torre todos los cuerpos de las personas están desnudos, felices y llenos de luz. Al final sólo queda la danza. Hemos transitado un círculo completo. Si hemos quitado todas las capas a la cebolla, en nuestras manos sólo queda el vacío. La película ha llegado a su fin, la pantalla está de nuevo en su estado originario, limpia y blanca...

0. El Loco

Existen muchos significados para el Loco. Esta carta tiene el número 0. Es Dios que juega consigo mismo; Dios, que decide jugar al escondite consigo mismo. Que está aburrido de la pureza de la pantalla vacía y tiene ganas de divertirse. Quiere ir al cine. Y así como no puedes tener amigos en el cine mientras no te identifiques con la película, ni puedes divertirte jugando al escondite si el otro no está realmente escondido, tampoco podría divertirse Dios si recordara  que es Dios. Por eso decide olvidarse de sí mismo y dar, jugando, un paso hacia el abismo. Cae, de arriba hacia abajo, y así comienza la historia.

Pero como las cimas de las montañas cubiertas de nieve y la brillante luz de sol son tan bellas, buscará una y otra vez, consciente o inconscientemente, el camino completo de este viaje a través de la vida humana.

El Loco camina feliz hacia lo desconocido, confiado y sin urgencias. Sus vestidos y adornos son elegantes y ligeros, como los de un bailarín. Igualmente ligero parece ser el hatillo que lleva sobre sus hombros y en el que tiene todo lo que necesita. Su actitud expresa felicidad y total confianza en sí mismo.

El blanco resalta como el color más importante de esta carta: el sol es blanco, y blanca es la rosa que el Loco lleva en su mano como símbolo de la inocencia y la pureza. Y el perro que le saluda..., o dice adiós, también es blanco.

El color blanco está para recordar la pureza vacía de la pantalla y como indicador del potencial que hay ante ella; el blanco es un símbolo del vacío y la apertura, pero al mismo tiempo, de la plenitud. Pues si el color blanco se descompone, muestra los siete colores básicos a partir de los cuales está hecha la Creación. El Loco está en armonía con su naturaleza animal, se siente en medio de la belleza como en casa y es, según las palabras del mismo Waite, el «príncipe de otro mundo, de viaje por éste». El Loco es el espectador, el soñador, el testigo de esta película. Y como tal se encuentra oculto en todas las cartas. Todo el juego es el juego de Dios. Por cierto, el Loco es la única de las cartas de los Arcanos Mayores que se conservó en la baraja corriente. En ésta recibe el nombre de Joker y puede usarse en lugar de cualquier carta. Él es el comienzo, el medio y el final; es tres en uno:

1. Es el hombre común, ingenuo; representa la humanidad entera. Puede morir en cualquier momento y ni siquiera es consciente de ello. No tiene idea del lugar al que se dirige ni dónde apoya su pie. No tiene una comprensión más profunda de su vida, de cómo es ésta realmente.

2. Es el iniciado, el discípulo loco que está de camino por una senda maravillosa, que él mismo no sabe dónde va. Pero está dispuesto a arriesgar su vida con tal de llevar a cabo su pasión por lo imposible.

3. Es el ser iluminado que parece tonto a los ojos del mundo. Vive cada momento como nuevo y lo hace libremente, recibiéndolo tal como llega. Es el número Cero, ca-

rece de existencia como individuo, se ha disuelto en el todo. Es el último paso, el último salto, de abajo hacia arriba. En la tradición de Eliphas Levi y en el ordenamiento Waite de las cartas, el Loco está entre la Resurrección, la carta del despertar, y el Mundo, la carta de la Iluminación. No posee pasado ni futuro. Es completamente libre para poder jugar, ya que no tiene una meta donde deba llegar; el ir y venir se ha terminado.

Es Castaneda y Don Juan.

- **Interpretación**
  - Ingenuidad, inocencia, pureza, confianza
  - Alegría de corazón, felicidad, autoironía, la risa cósmica
  - Amparo divino
  - Disponibilidad de riesgo

No desaproveches la oportunidad de ir hacia lo desconocido; más tarde podrás reflexionar. Ponte en marcha con alegría en el corazón y sin adherencias al pasado. Si nadie conoce el futuro, por qué vas a preocuparte. Confía en la existencia; estás en el camino correcto, aun cuando puedas caer al abismo.

Como Loco eres feliz; tú mismo no te tomas en serio y puedes reír por todo, y sobre todo, reírte de ti mismo y de tus «problemas». Reconoces que la vida es un juego.

1. El Mago

El Mago comienza su viaje; el Cero se transforma en Uno. Si el Loco es el niño en el vientre materno, el Mago es el niño recién nacido. De «yo no soy» hemos llegado a «yo soy». Al principio estaba la pantalla vacía, después vino el Loco, el duende travieso que quería jugar al escondite consigo mismo. Ahora hemos llegado al proyector que está dispuesto a perderse en las imágenes de la película.

«Como arriba, así abajo», dice su gesto y lo subrayan las flores que se encuentran por encima y por debajo de él. El Mago es un canal, la puerta entre este mundo y el otro. Tiene en su mano la vara mágica, el símbolo de la unidad, la creatividad y el poder. Su voluntad es la voluntad de Dios que se ha manifestado.

El símbolo del infinito sobre su cabeza y la serpiente que se muerde la cola formando su cinturón nos recuerdan que el tiempo y sus ciclos nacieron del vientre materno, de la Eternidad. El Mago es intuitivamente consciente de que Él y su Padre son Uno. En sus vestidos, el color blanco puro expresa la conciencia infinita, y el rojo del manto, la pasión de los deseos humanos. Rosas rojas y lilas blancas crecen bajo la mesa, a sus pies.

Él ha abierto el hatillo del Loco y esparcido su contenido ante sí sobre la mesa: el Basto, la Copa, la Espada y el Pentáculo, símbolos del fuego, el agua, el aire y la tierra. Representan el alma, el corazón, la razón y el cuerpo. Son los cuatro puntos cardinales, las cuatro estaciones del año, las cuatro fases de la conciencia humana, es decir, dormir, soñar, despertar, trascender. Él se alegra de entrar en este viaje.

- **Interpretación**
  - Voluntad, actividad
  - Energía masculina, creatividad, acción
  - Conocimiento intuitivo de las leyes (secretos) de la vida, del universo
  - Conciencia de los medios que como persona has recibido en tus manos
  - Autorresponsabilidad
  - Autorrealización

Tomas las riendas de la vida con tus manos, sabes que eres responsable de la situación en que te encuentras. Tienes la fuerza para cambiarla en el momento en que lo desees. No dependes de las expectativas de los demás. Eres tu dueño y no necesitas de nadie que te ayude a resolver los problemas cotidianos. Sabes que puedes hacerlo solo. Todo lo tienes bajo control.

II. La Suma Sacerdotisa

La SUMA SACERDOTISA

El Mago está totalmente satisfecho consigo mismo; no sabe que existen los otros, que puede haber límites u obstáculos. Y ahora se encuentra con la Suma Sacerdotisa, el primer «no Yo», el primer «otro», la pura fuerza femenina. De pronto reconoce que él es sólo una cara de lo humano. Experimenta esta verdad humillante para él, mientras la Sacerdotisa lo rodea con su poderosa serenidad y observa con mirada fija. Está sentada entre dos columnas que tienen las letras B y J, dos columnas que representan la dualidad del mundo, y lo desafía a penetrar en este mundo, donde existen yo y tú, noche y día, bueno y malo, femenino y masculino, derecha e izquierda, vida y muerte. En este sentido, le invita a clavarse en la cruz del espacio y del tiempo que ella lleva colgada en su corazón, a entrar en el gran teatro de la vida, a meterse por completo en la película de la vida. El Mago es el sol y el fuego —el proyector—; la Suma Sacerdotisa es la Luna y el Agua, la primera mirada que se dirige hacia la pantalla. A sus pies se halla la media luna; de su brillante traje celeste cielo fluye el agua de la vida. Sus ojos son, a pesar de la frialdad del traje virginal, muy grandes, femeninos y prometedores; su boca está levemente abierta. Te llama y te atrae a su cercanía.

«Soy todo el agua de la tierra que desea ser absorbida por el sol» (Gardner).

Es el potencial inagotable, representado por las granadas de la cortina detrás de su trono, que parecen vientres maternos —y detrás del trono no hay más que agua—. Ella misma es sólo una forma, una primera imagen proyectada sobre la pantalla. Para que puedan pasar todas las demás imágenes, para que se proyecte realmente la película, el Mago tiene que atravesar la cortina, el vientre de la Suma Sacerdotisa debe fecundarse.

En su regazo tiene un antiguo rollo de la Tora, de la Ley, que está en parte cubierto por su manto, para indicar que la ley no es pública sino secreta.

Es espiritualidad y sabiduría. Es el ánima, la parte femenina y secreta de la razón, pues ella es la única que conoce las leyes del orden divino de la Creación.

- **Interpretación**
  - Energía femenina
  - Claridad y frialdad, seriedad
  - Fuerza sanadora, espiritualidad
  - Intuición, sabiduría
  - Vida asceta, pura
  - Seguridad interior y tranquilidad
  - Paz

Para tomar tus decisiones no necesitas razones ni explicaciones, sino que sigues tu voz interior, tu intuición. Hay fuerzas sanadoras en ti, que has recibido como un regalo. Aléjate de la actividad cotidiana tan a menudo como puedas y medita, tómate tiempo para escuchar tu interior. Sé sensible, abierto y claro. No olvides que no estás sentado en un trono ni confundas la frialdad y claridad de tus sentimientos con la frialdad hacia los demás.

III. La Emperatriz

La Emperatriz es el resultado del encuentro de la Suma Sacerdotisa con el Mago; es la Suma Sacerdotisa que ahora está embarazada. Sostiene con fuerza su cetro en la mano, como si tuviera que enfatizar su superioridad y poder. Es la unión de los contrarios en la que, sin embargo, predomina la característica femenina. Lo femenino perfecto se impregna de la fuerza masculina; lo femenino es más fuerte que lo masculino.

El agua de la vida que manaba del vestido etéreo de la Suma Sacerdotisa fluye ahora libre por el jardín de la Emperatriz y proporciona alimento a los árboles, arbustos y al grano maduro situado a sus pies. Su cuerpo florece y está relajado. Por debajo de sus cómodos cojines aparece un corazón, en el que se encuentra el signo astrológico Venus. En su corona hay doce estrellas que representan los doce signos del Zodíaco, la matriz de todas las creaciones de nuestro sistema solar, la matriz de nuestra tierra.

La Emperatriz es la Creación, la vida divina; representa el universo que se ha manifestado. Es poderosa, femenina y fértil. Es el arquetipo de la tierra y de la madre —la madre de la naturaleza—. Todas las religiones antiguas se basan en el culto a la naturaleza como madre de Dios.

En el Mago y la Suma Sacerdotisa la fuerza está presente de modo potencial, sin forma; aún no está jerarquizada. Con la carta de la Emperatriz se introduce la jerarquía. Ella reina y es más grande y poderosa que otros. Del poder y la jerarquía surge la personalidad. A partir de ahora el principio del Loco se encarna en personalidades específicas: la Emperatriz es la madre, el Emperador es el padre y el Sumo Sacerdote es el cura. El Mago sabía en lo más íntimo de su ser cuál era su origen; a partir de la Emperatriz se ha perdido la conciencia de que la película es sólo una película.

- **Interpretación**
  - Riqueza interior y exterior, plenitud
  - Poder femenino, autoridad materna
  - Fertilidad, femineidad maternal, cariño
  - Madurez, relajación
  - Unión con la naturaleza, la tierra madre
  - Satisfacción

Descubre la parte femenina y material en ti, y la alegría de cuidar de los demás. Puedes aceptarte a ti mismo y a los demás, y no necesitas demostrar ninguna hiperactividad. Siéntate cómodamente y deja que las cosas ocurran. No necesitas pelear por nada; todo lo que necesitas está allí. Sientes en ti la fuerza y no necesitas mostrarla a los demás. Tienes el cetro en la mano y lo empleas cuando te parece necesario.

IV. El Emperador

Con ademán rígido el Emperador está sentado en un austero trono de piedra. Su mirada es firme, pero también crispada y llena de preocupación. Las desiertas montañas y el cielo rojo detrás de él simbolizan el planeta Marte, el dios de la guerra. Con las dos manos sostiene símbolos del poder. Cuatro cabezas de carnero adornan, como símbolos del planeta Marte, su trono rectangular.

El Emperador es el poder seco, mundano, la autoridad y fuerza de voluntad. Es el guía, el marido, el político, el jefe.

Si la Emperatriz simboliza el cuerpo, el Emperador representa el intelecto, la razón. Su poder es el poder de las ideas. Piensa mucho sobre el pasado y el futuro, como nos indica su ceño arrugado. Comparado con el poder de la Emperatriz, el suyo es más áspero y violento. Parece que quisiera enfatizar que es el señor de la casa, pero es demasiado tarde, ya que la Emperatriz está allí antes que él.

La Emperatriz y la Suma Sacerdotisa llegan antes que el Emperador, así como en nuestra experiencia de vida la madre llega antes que el padre.

La forma fija de esta carta IV intenta imponerse a la vida divina, a la energía pura de la Emperatriz. La energía toma forma y la forma pretende el dominio de la energía.

«Soy la ley suprema», dice el Emperador.

«Soy el nombre de Dios. Las cuatro letras de su nombre están en mí y yo estoy en todo.»

«Soy los cuatro principios. Estoy en los cuatro elementos. En las cuatro estaciones del año. En los cuatro puntos cardinales. En los cuatro signos del Tarot.»

«Soy el comienzo; soy la acción; soy la conclusión; soy el resultado.»

«Para aquel que me conoce no existen misterios sobre la tierra.»

«Soy el Gran Pentáculo» (Ouspensky).

- **Relación astrológica**

Con el Emperador comienza el ciclo del Zodíaco; por este motivo el Emperador representa el signo Aries.

- **Interpretación**
  - Seriedad, deseo de sujetar, avaricia, orgullo
  - Orden, ley
  - Senilidad, inmovilidad
  - Mezquindad, estar separado de la energía vital
  - Conocimiento de las leyes del mundo

Te has instalado en el mundo material; ya has ordenado toda tu vida; ésta transcurre según tu plan. Has contratado un seguro de vida e invertido bien tu dinero, y sientes que llega el tiempo en que todo será pasado. Has olvidado tu origen y ahora tienes miedo de volver a él. Vas matando tus sentimientos y tu conocimiento interior. Sufres de estreñimiento. Suelta y recuerda que existe algo más grande que tú mismo. Podemos perdernos, pero el camino está siempre allí para nosotros.

V. El Sumo Sacerdote

El Sumo Sacerdote representa el poder espiritual. En él no hay violencia como en el Emperador. Su mirada es suave y desinteresada. Su poder no es el de la espada sino el de la cruz.

En la carta del Emperador el trono era imponente; en la del Sumo Sacerdote el trono se ha vuelto insignificante. Ahora la característica saliente está representada por las columnas. Simbolizan una institución, la Iglesia. El Sumo Sacerdote no reina como el Emperador mediante su poder personal, sino a través del poder de la fe que él representa.

Esta carta cierra la fase del condicionamiento social. Después de la madre y del padre viene el cura, que encarna la educación, la civilización, la moral y la idea del bien y del mal. Es un santo, pero sólo porque hace de los otros pecadores.

Si volvemos la mirada hacia el punto de partida, hacia el Loco —que es una persona que se mueve y respira libremente, que se detiene en la inmensidad de la naturaleza—, veremos que ahora hemos llegado a algo más bien estático. La corona del Sumo Sacerdote es más grande que la de la Suma Sacerdotisa y la de otros reyes; sus vestidos son más pesados y pomposos, su actitud es más tensa.

No hay ningún movimiento en esta carta, no hay viento ni agua ni cielo.

Con sus brazos extendidos el Mago unió el arriba y el abajo, el cielo y la tierra. El gesto del Sumo Sacerdote los separa y diferencia. Las rosas rojas y las lilas blancas que florecían tan frescas ante el Mago han quedado reducidas al bordado de los vestidos de los dos monjes arrodillados ante él.

Pero en otro plano él es el maestro que, como su nombre indica, puede comunicar los secretos. Es el puente, es una invitación a lo desconocido, un dedo que señala la verdad.

En el Zodíaco el Sumo Sacerdote puede corresponder al signo Tauro.

- **Interpretación**
  - Religión y ceremonias religiosas, por ejemplo, casamiento
  - Guía espiritual, iniciación
  - Jerarquía
  - Búsqueda de la clave, de la doctrina
  - Moral

¿Quién eres tú en esta carta? Si te ves como uno de los monjes, estás deseando encontrar un maestro que sepa más que tú. Deseas encontrar respuestas a tus preguntas, deseas que alguien te escuche y pueda instruirte. Estás dispuesto a buscar ayuda. Deseas obtener nuevas visiones, percepciones, y conocer otras dimensiones. Anhelas lo Alto, Dios, la Fe, la Religión. Si te ves como el Sacerdote, estás capacitado para guiar a otras personas en su camino, por ejemplo, como cura, maestro o terapeuta.

VI. Los Enamorados

El hombre y la mujer, Adán y Eva, están completamente desnudos uno frente a otro. Sobre ellos luce la luz del sol. Desde una nube blanca un ángel les ofrece su bendición. Detrás de Eva está el árbol del Bien y del Mal, y detrás de Adán, el árbol de la Vida. Entre ellos se eleva la cima brillante de una montaña en el horizonte. La mirada de Adán se dirige a Eva, que mira hacia el ángel en lo alto.

El Sumo Sacerdote tiene la llave, pero los Enamorados ya han abierto la puerta sin saber cómo. Por un momento conocieron lo divino. Se trata de una iluminación repentina: las máscaras, las coronas y los vestidos de las cartas mayores caen y nos encontramos afuera, en medio de la naturaleza, podemos respirar otra vez libremente y disfrutar del cielo.

Los Enamorados son la primera superación de la dualidad en el camino que recorre el Loco, son la primera unión, la primera fusión. Desde que la Suma Sacerdotisa se enfrentó al Mago, la dualidad era la regla del juego. Mago-Suma Sacerdotisa, Suma Sacerdotisa-Emperatriz, Emperatriz-Emperador; no hubo encuentro y cada uno permaneció en sus límites claramente definidos. En la carta del Sumo Sacerdote aparecen por primera vez otras personas, pero se trata de una relación jerárquica. En el caso de los Enamorados, el encuentro se produce en el mismo plano. En esta confrontación directa de la dualidad hombre-mujer parece posible un primer reconocimiento de una unidad superior, de una divinidad simbolizada por el ángel.

El amor es la primera experiencia que borra la separación del origen divino.

Y sin el otro es imposible la divinidad, la unión, la iluminación, la plenitud. Adán no puede mirar al ángel directamente a los ojos, no puede reconocer su naturaleza divina sin dar un rodeo; por ello sólo puede verla reflejada en los ojos de Eva.

Pero precisamente en el momento de esta primera experiencia de amor baja la serpiente del árbol del Bien y del Mal y seduce a Eva con lo prohibido, preparando el camino al diablo y la expulsión del Paraíso.

Desde la perspectiva astrológica, la carta de los Enamorados es una bella representación del signo Géminis.

- **Interpretación**
  - Amor
  - El amor es el camino hacia la divinidad
  - Unión, armonía
  - Transformación
  - Dar a partir de la plenitud

¡Pues sí! Cae en la tentación, come la manzana que Eva te ofrece. El amor cura; el amor es la única fuerza capaz de cerrar todas las viejas heridas. Enamórate a fondo y verás cómo todo cambia en torno de ti: los colores de la naturaleza, las personas que te rodean; de pronto te sientes pleno, satisfecho, aceptado. Descubres al otro y hasta olvidas ocuparte de ti mismo. Confía en tus sentimientos, si estás enamorado, y no permitas que tus dudas los destruyan. Deja de lado la cabeza y que te lleve en brazos el amor. Si amas, surge en ti un «sí» a todas las cosas.

VII. El Carro

Tras la luz repentina y la feliz aparición de los Enamorados viene la avidez por llegar, por alcanzar la meta. El conductor del Carro es el príncipe del Emperador. Tiene que ser un hombre —el hijo soñado de la Emperatriz y el alumno perfecto del Sumo Sacerdote—. Es joven, se dirige raudo hacia adelante y es muy ambicioso.

Dos esfinges se hallan sentadas a sus pies, una negra y otra blanca, una de mirada serena y la otra de mirada triste. Dos máscaras adornan los hombros del conductor del Carro, una sufriente y la otra risueña. El conductor del Carro representa la búsqueda de la unidad, tiene que llegar a esa meta a cualquier precio.

Ha experimentado ya todo lo que puede ofrecerle el mundo; puede moverse en sociedad, está bien armado. Tiene personalidad y poder, religión y amor; ahora se dirige hacia la segunda parte de la historia, la segunda serie de siete cartas. Está dispuesto a descubrir otro mundo y a ir hacia dentro. Atraviesa el agua hasta alcanzar la otra orilla, pero permanece seco y seguro.

Está bien afeitado, sus guantes lucen limpios y almidonados. Y por encima de todo ello, es el producto de todos los mandamientos y prohibiciones de las cartas anteriores.

Las voces de los antepasados suenan en su interior como en una grabadora. Representa el desarrollo total de la personalidad, el esfuerzo por afirmarse, por lograr una posición en la sociedad, por aprender todos los papeles que se representan en el gran teatro de la vida.

Es el yo cristalizado; se siente el centro del universo. El inmenso cielo estrellado se transformó en el dosel, que vemos ahora sobre su cabeza. Él es todo razón. Parece que una maquinaria hubiera reemplazado la parte inferior de su cuerpo. Ha reprimido su sexualidad, ha sublimado. Lo único que ha quedado de los Enamorados es el lígam de Shiva, el símbolo tántrico de la unión sexual, y las alas del ángel situadas por encima. Esta es la carta de la cultura, la tecnología y la civilización.

El conductor del Carro se guía por la razón. Si comienza a interesarse por la meditación preguntará por las técnicas, por las posturas de yoga, por las asanas. Quiere saber cómo se hace la meditación. La meditación como un no hacer nada, como algo que es, aún no tiene sentido para él. Pero aunque lo sepa o no, está en busca de Dios, de lo superior, de Dios como sexo, meditación, o lo que sea. Es la tentativa inconsciente de escapar del valle en el que cayó el Loco. Pero su voluntad no le viene de dentro: es una reacción al miedo que siente en su situación real.

El Carro se corresponde con el signo astrológico Cáncer.

- **Interpretación**
  - Encontrar una dirección, un camino determinado
  - Totalidad
  - Triunfo, claridad
  - Equilibrio entre los extremos
  - Arrogancia juvenil
  - Fuerza nueva, fresca

Una fuerza te impulsa a dejar tu hogar, tu profesión, tu residencia. Y tú te sientes lleno de energía y curiosidad. Quieres descubrir y experimentar mundo. Sabes lo que quieres y lo transformas en hechos. La lucha, el ir y venir de los pensamientos, han pasado. Nada te detiene, te sientes seguro y quieres ir hacia delante. Tu camino es veloz; tu deber, mantener en una única dirección los dos extremos que hay en ti. Si te compras un coche de carrera, ¡debes saber conducirlo! Presta atención: tu voluntad no debe matar tus sentimientos ni tu naturaleza animal.

VIII. La Fuerza

Una mujer juega con un león. Su cabeza y su cintura están adornados con flores, su vestido es de color blanco inmaculado. Está muy satisfecha y completamente absorta en su juego. Sobre su cabeza aparece el símbolo del infinito.

El león participa del juego y, aunque el rabo cuelga entre sus piernas, parece no tener miedo; las garras están bien apoyadas en el suelo. Las montañas al fondo vuelven a recordarnos las cimas de nuestra conciencia.

La Fuerza es femenina, cariñosa y tolerante. Si el conductor del Carro se halla en el camino del yoga, en el camino de la voluntad, la Fuerza está en el camino del Tantra, en el camino de la entrega. Es el camino femenino enfrentado al masculino. El campo y la naturaleza están enfrentados a la ciudad, a la cultura, el relajamiento a la voluntad, la suavidad y la entrega a la dureza y la sujeción. La Fuerza es la imagen del poder de la tierra.

El joven y expectante conductor del Carro se encuentra con el abrazo amoroso; se transforma en un animal feliz, la lengua cuelga fuera de su boca. Abre las fauces y deja que el aire penetre en su boca. Bajo la suave guía femenina se siente como un león y comienza a rugir. Descubre la naturaleza vinculada a la tierra. Mientras iba en el Carro, apenas tocó la tierra; sus garras le permiten sentir ahora una fuerte unión con la tierra. En la carta de los Enamorados estaba el cuerpo, pero pertenecía al ángel, al cielo. En la Fuerza, representado por el león, pertenece a la tierra. En los Enamorados estaba el otro allí, el ángel y la cima de la montaña. En la Fuerza sólo queda la cima de la montaña. Los ojos están cerrados, miran hacia dentro. La Fuerza es un segundo comienzo; es la primera carta de la segunda serie. El símbolo del infinito aparece sobre su cabeza como en la carta del Mago. Es el Mago que comienza a conocer la realidad de su cuerpo. El rojo y blanco de su traje se desdobla y transforma en cuerpo y espíritu, en león y mujer. Un espíritu amoroso en un cuerpo amoroso. Las flores rodean ahora la cintura femenina, el cuerpo y el alma logran la armonía de modo amoroso. Dr. Jekyll y Mr. Hyde están en paz.

Con la Fuerza hemos llegado a la segunda parte del viaje del Loco. A partir de ahora nos desplazaremos por arenas un poco movedizas, las cosas ya no serán tan fáciles y claras como en la primera parte del viaje. Mientras vamos por los años de la transformación y de las crisis, los símbolos se meten en lo hondo de nuestro inconsciente, todo se transforma en desconocido, misterioso y menos familiar. Ahora necesitamos más apertura, valor y confianza, para permitir que nos hablen los símbolos, que nos descubran su secreto.

Desde la perspectiva astrológica, la carta de la Fuerza se corresponde con el signo del Zodíaco Leo.

- **Interpretación**
  - Cuerpo y alma en armonía
  - Fuerza tierna, paciente, incansable
  - Fuerza impulsiva
  - Sensualidad
  - Alegría, entrega

Acepta y ama tu cuerpo con todas sus necesidades, energías naturales y fuerza impulsiva. Si aceptas tu cuerpo, lo cuidas y atiendes a sus necesidades, si no lo constriñes ni reprimes, sentirás crecer dentro de ti una energía y fortaleza naturales. Existen muchas posibilidades de descubrir tu cuerpo, de conocerlo en la riqueza de su multiplicidad. Deja que fluya tu bioenergía; déjate llevar por tu respiración y permite que el contacto cure tus viejas heridas. Disfruta de tu fuerza y de tu belleza.

IX. El Ermitaño

Ante nosotros se halla una imagen sobria y pacífica. Nos muestra un anciano con una lámpara en una de sus manos, y en el interior de la lámpara, una estrella que brilla. Con la otra mano el anciano se apoya en un báculo dorado. Su largo talar es gris como el color de la ceniza. La expresión de su rostro es pacífica; su espalda se dobla hacia delante, simbolizando el trabajo y las preocupaciones pasadas. Está completamente solo en la cima de la montaña.

En la carta de la Fuerza el cuerpo es aceptado, se lo ama, está relajado. La mujer vestida de blanco ha cerrado los ojos, abandonado el cuerpo, y ahora vuelve a encontrarse en la figura del Ermitaño; está lejos, muy lejos, en la cima de la montaña del Loco y de los Enamorados, pero está totalmente sola. Por un momento el cuerpo ha trascendido.

Mientras que la mujer en la carta la Fuerza aprendió a conocer y amar su cuerpo, el Ermitaño descubre su alma y encuentra en ella una luz. Es la primera vez que ve una luz directamente. Cuando era Adán en la carta los Enamorados sólo podía ver la luz reflejada en los ojos de Eva.

Si el conductor del Carro siguió el camino del yoga, el camino de la voluntad, y la mujer de la Fuerza siguió el camino del Tantra, el camino de la entrega, el Ermitaño sigue el camino más puro, el camino de la conciencia. «Sé la luz de ti mismo» fue el último mensaje de Buda. Y el rostro del Ermitaño expresa serenidad y belleza.

No obstante, sigue rodeado de oscuridad. La estrella que ha hallado sigue metida dentro de la lámpara. Ha encontrado la luz, pero el precio que tiene que pagar para descubrirla es cerrar los ojos.

Ha encontrado al Creador, pero al hacerlo la creación se ha perdido. Por eso necesita de un método para llegar a la cima; sin su largo báculo quizá caería.

En astrología, el Ermitaño se corresponde con el signo Virgo.

- **Interpretación**
  - Camino interior
  - Búsqueda de la propia luz
  - Retirarse de lo exterior
  - Soledad
  - Meditación
  - Afán, búsqueda intensa
  - ¿Quién soy?

Ha llegado el momento de alejarte del barullo y estar solo contigo. Quieres descubrir tu luz interior, el tesoro que hay en ti y ahora no te interesa lo de afuera, la riqueza, el éxito o la vida social. Paso a paso vas andando pacientemente tu camino, escuchando tu interior, vas con tu pequeña lucecita, que apenas te ilumina unos pasos delante de ti. Sabes que nadie puede ofrecerte respuestas y deseas que el trazado del camino se haga a partir de ti mismo, de tu interior. No quieres apartarte de ti mismo, de tu soledad. Da igual hacia dónde te dirijas, al bullicio de la plaza del mercado o a las montañas del Himalaya, vas solo y tus problemas contigo.

x. La Rueda de la Fortuna

Esta es la primera carta de nuestro viaje en la que no aparecen personas. En lugar de una figura humana central, en medio de la carta hay una rueda. Y en torno a ella, una serie de símbolos que proceden de la tradición egipcia, hebrea y cristiana. De este modo se desea transmitir la idea de estabilidad y tranquilidad en medio del cambio permanente. Independientemente de las diferentes doctrinas místicas, una profunda unidad subyace a todos los fenómenos que retornan cíclicamente.

Mientras el Ermitaño sigue adelante mirando en su interior, la luz pura de la conciencia no se mantiene demasiado tiempo. El anciano pronto comprenderá que en él hay algo más que conciencia, que también hay locura y el girar eterno de los pensamientos. Así reconoce que no existen pensamientos o sentimientos permanentes y que en niguna parte hay una identidad fija. Sólo existe el girar de la rueda de los sentimientos: amor, odio, disgusto, pasión, sí y no, a favor y en contra, y siempre, siempre lo mismo, como un *perpetuum mobile.*

Advierte que el punto central de este huracán se encuentra en el centro de la razón y que éste es el único punto que no cambia. Reconoce que hay caos o cosmos, locura o interpretación, según se halle en su centro o no.

El rollo de la Suma Sacerdotisa se ha desplegado, el juego nos ha conducido por fin a la primera percepción de un centro. Por primera vez comprendemos de qué está formada la realidad, comenzamos a ver cómo funciona la razón.

En la Rueda de la Fortuna aparecen las cuatro letras hebreas del nombre de Dios (yod - he - vau - he), las cuatro criaturas vivas de la visión de Ezequiel (el ángel, el águila, el león y el toro) en relación con los cuatro elementos (aire, agua, fuego y tierra), los cuatro evangelistas, los cuatro signos fijos del Zodíaco (Acuario, Escorpión, Leo y Tauro) y también los cuatro símbolos alquímicos (mercurio, agua, azufre y sal).

Las cuatro letras latinas que vemos en la rueda pueden leerse de tres formas diferentes: TORA (la Rueda de la Tora, la Ley, Dhamma, Tao, el Rollo de la Suma Sacerdotisa); ROTA (la Rueda de la Vida, la Rueda del Samsara, del Zodíaco, del Karma); TARO (la Rueda del Tarot, de la Adivinación, del *I-Ching*).

La serpiente del Mago que ahora se ha desenrollado penetra en el interior de la razón para descubrir la criatura mitad humana mitad animal y llevarla a la conciencia. La esfinge —mitad mujer, mitad león— que el conductor del Carro trató de domar se ha escapado de la rueda y está sentada sobre ella: las acciones del conductor del Carro se hallaban determinadas, al fin y al cabo, por su karma, sus condicionamientos y su pasado. En esta carta toma conciencia, por primera vez, de que no tiene el control de su vida.

La Rueda significa también riesgo, juego, ganar y perder en el gran juego de la vida. Es un juego peligroso, ya que la espada que estaba sobre la mesa del mago ahora está en la mano de la esfinge, que con actitud amenazadora exige verdad y autenticidad.

- **Interpretación**
  - El arriba y abajo permanente de la vida
  - Todo vuelve
  - Karma
  - Ya visto
  - En el centro del huracán está la tranquilidad

Todas tus experiencias, tus estados de ánimo y tus vivencias se repiten. Muchas de tus acitudes son reacciones, y no acciones. Siéntate como la esfinge sobre los acontecimientos y obsérvalos. Medita sobre todos tus estados de ánimo y sentimientos, que cambian permanentemente: tristeza, disgusto, miedo, amor, sexo. Observa el arriba y abajo constante y recuerda tu centro, tu Hara. Allí reina la tranquilidad: ya no te identificas con los acontecimientos externos.

Esta carta representa cambios importantes en tu vida. Ha llegado el momento de observar tus modelos antiguos de vida y de comenzar, tú mismo, a producir los cambios. Te encuentras en situación de tomar distancia de tus problemas.

XI. La Justicia

La JUSTICIA

Ya hemos encontrado el punto quieto en la razón, estamos equilibrados en el constante subir y bajar de la vida, hemos mirado hacia la profundidad de nuestro ser y permanecido indiferentes.

Ahora la Justicia te mira directamente a los ojos. Su aspecto es de seriedad, lleva un traje sencillo, sin adornos, y tiene una espada y una balanza en las manos. En su mirada, que es penetrante y serena a la vez, no hay amenaza.

Como la Suma Sacerdotisa, la Justicia está sentada entre dos columnas, de las que cuelga un velo. La cortina no tiene símbolos —todo es sencillo—, no se busca la escenificación ni la belleza. La cortina situada detrás de la Suma Sacerdotisa permitía reconocer el agua, pero la que está detrás de la Justicia no deja ver lo que hay a espaldas de ésta.

Si en el proceso de la Rueda de la Fortuna no te has destruido, sales de ella transformado. Has experimentado que en ti existe la locura, que careces de identidad fija; la imagen de ti mismo se ha destruido. Retiene esto en tu conciencia, sin importar cuánto te haya dolido la experiencia de este conocimiento. No existe ningún remedio para esta experiencia, las cosas son como son. Las columnas de la Justicia deben atravesarse con conciencia y disciplina.

Llegado a este punto, lo que desearíamos hacer es salirnos de la película, pero ya no es posible. No hay ninguna salida hasta el despertar último. El único camino posible es la disciplina de la aceptación. Las deudas deben pagarse, y en este punto no puedes cambiar nada, el mundo es como es. Si sufres es porque debes sufrir, es el Purgatorio. La Justicia encarna la verdad, el Ser-Así. Sus ojos miran en línea recta, pues ella sabe quién eres tú realmente, no se deja engañar.

«Estás viendo la verdad», dice la voz. «En los platillos de esta balanza todo se pesa. Y esta espada está siempre en alto, para que la justicia se administre; nada puede escapar a ella. ¿Pero por qué apartas tu mirada de los platillos de la balanza y de la espada? Te robarán la última ilusión. ¿Acaso podrías vivir en esta tierra sin esas ilusiones? Anhelabas ver la verdad, ¡y ahora la sujetas! Recuerda lo que sucede al mortal que intenta sujetar la divinidad» (Ouspensky).

- **Relación astrológica**

En astrología, la Justicia se corresponde con el signo Libra. En nuestra disposición de las cartas está exactamente en la mitad de la serie de las cartas del Tarot, así como Libra está exactamente en la mitad del año astrológico y refleja la igualdad día noche en otoño.

- **Interpretación**
    - Claridad de la razón
    - Igualdad
    - Juicio neutral y preciso
    - Sopesar y decidir

Apártate del entorno y tómate tiempo para ver pasar tu vida delante de ti como una película. Observa todos los recuerdos y sé sincero contigo. Arrójalos sobre los platillos de la balanza y mira lo que fue bueno para ti y lo que fue malo. ¿Deseas continuar tu vida así? ¿Deseas cambiar algo? ¿Dónde te encuentras? ¿Estás satisfecho con el resultado? Si te ha salido esta carta, es importante que te formules estas preguntas. Ha llegado el momento de que veas —con el corazón y la cabeza— cómo es realmente tu vida, y de hacerlo sin prejuicios, sin sentimientos de culpabilidad en relación con el pasado. Sé justo contigo mismo.

Estás equilibrado, ves la verdad, tienes claridad. Te enfrentas con los hechos. Cierra asuntos inconclusos.

✳ii. El Colgado

Un hombre joven, bello y muy parecido al Loco está colgado por el pie derecho de una cruz en forma de T. La cruz, construida con el leño de un árbol recién cortado, conserva aún un poco de follaje. La pierna izquierda del joven cae doblada por detrás de la derecha y forma otra cruz. Sus brazos, también cruzados y unidos por detrás de la espalda, transmiten una sensación de impotencia e incomodidad. Pero su mirada es serena y de satisfacción; la expresión de su rostro comunica dicha y sosiego; un aura de luz rodea su cabeza. Esta carta expresa, a primera vista, serenidad en la impotencia y dicha, a pesar de la incomodidad, como la iluminación de Jesús a través de la crucifixión.

Es la serenidad que sigue a la aceptación total, que tuvo lugar en la Justicia.

Esto es, pues, lo que estaba oculto detrás de la cortina de la Justicia: el mundo sencillo y claro no era más que una trampa. Las cosas son diferentes de lo que se esperaba; de hecho, son exactamente lo contrario de lo esperado. Todo se ha dado vuelta, de dentro hacia fuera, de arriba hacia abajo. De pronto estamos sujetos; ¿qué hacer, pues?

El Colgado está relajado, no hay estrés ni lucha en su expresión. Sus manos son impotentes.

¡Qué distinta es la cruz del Colgado, si la comparamos con la del Cristo sufriente! Con un simple trazo, E. Waite y P. Smith introdujeron belleza y positividad en el mito cristiano de la cruz. Jesús ya no sufre por nuestros pecados; se alegra de su dicha merecida.

El Ermitaño de la montaña tuvo que emprender un fatigoso camino para llegar hasta la cima y encontrar la luz. El Colgado es el Ermitaño que ve todo al revés: no hace ningún esfuerzo. La luz ya no está encerrada en una pequeña lámpara. Ahora él está lleno de luz, ahora su cabeza misma y su cuerpo están iluminados. El Ermitaño subió a la montaña para encontrar a Dios; el Colgado es Dios que baja de la montaña para encontrarlo a él. Es el Loco que se cae al abismo.

En otro plano, el Colgado es el símbolo de la iniciación en los misterios espirituales, es la entrega a las enseñanzas de un maestro espiritual, para descubrir las profundidades del propio ser.

- **Interpretación**
  - Visión invertida
  - Aceptación de los hechos
  - Entrega
  - Unión con el mundo material
  - Libertad de conciencia
  - Paciencia, serenidad

Las cosas no son como las habías imaginado. Un gran cambio se produce en tu vida. De pronto nada se corresponde ya con la imagen que tenías de ti mismo y del mundo. Todo parece estar patas arriba, la confusión es grande. Pero tú quieres ver las cosas como realmente son, eres receptivo para lo nuevo, aprendes a aceptarte. Eres positivo y paciente, sin dejar de ser vital, despierto y dichoso. Tu cabeza está tranquila y ya tienes una idea de lo que significa vivir en el presente.

Desecha las viejas ideas, ponte patas arriba y observa por una vez tus problemas desde una perspectiva completamente distinta.

☩III. La Muerte

La Muerte llega. En muchas barajas del Tarot tradicional, esta carta queda sin nombre y expresa con ello el horror de la razón ante su propia disolución. La conciencia tradicional de la muerte está basada en el miedo. En el Tarot Waite la Muerte se acepta con amor y a través de esta aceptación se abren nuevas perspectivas. En la Muerte está la promesa de una nueva vida, simbolizada en la carta por la rosa mística del estandarte y el sol en el horizonte. Estos elementos suavizan su contenido. La Muerte lleva una armadura negra y cabalga en un hermosísimo corcel blanco, cuyos pasos anuncian el final de los vivos. El rey ya está en el suelo, el obispo espera rezando la llegada de su hora; un niño excitado y con un ramo de flores en la mano saluda la llegada de la Muerte, mientras la madre parece entregarse sin resistencias a su destino. La Muerte nos llega a todos del mismo modo, a los jóvenes y a los viejos, a los espirituales y a los apegados a la tierra, a los fuertes y a los débiles, sin considerar el rango social ni otros méritos.

En el fondo de la imagen podemos reconocer la laguna Estigia que separa este mundo del otro, y en ella, una embarcación que traslada las almas de los muertos hasta la otra orilla. Allí vemos dos columnas que despejan la visión hacia lo desconocido, hacia la lejanía. El sol se pone (¿o sale?). Nos remite a la carta siguiente, la Templanza. La pluma del yelmo de la Muerte evoca la del Loco y la de la criatura divina de la carta el Sol, lo mismo que el caballo: la vida y la muerte no están separadas, son las dos caras de una misma medalla.

«Mientras observaba el caballero y el sol que se ponía, tuve una inspiración. Comprendí que el camino de la vida está hecho de los pasos del caballo de la muerte. El sol se pone en un punto y vuelve a salir en otro; comprendí que salía mientras se ponía y que se ponía mientras salía, y que la vida muere con el nacimiento y nace con la muerte» (Ouspensky).

- **Interpretación**
  - Transición hacia otra dimensión
  - Corte de los lazos con el mundo material
  - Disolución, cambio
  - Mueres en cada momento
  - Pérdida
  - Orgasmo
  - Pasado

Ya pasó. Muere lo viejo y algo nuevo puede pasar en ti. Siempre que muere algo, nace algo nuevo, como de la semilla que se abre surge una flor, o una mariposa de la oruga que rompe su capullo. Al morir, experimentamos la parte de nosotros que nunca muere, que siempre es nueva y fresca, que se transforma constantemente.

Observa lo que la idea de la Muerte significa para ti, los miedos relacionados con ella.

XIV. La Templanza

Una bella mujer con alas de ángel se halla de pie junto al agua. Su cabeza brillante está adornada con una diadema que representa el sol. En su corazón encontramos un triángulo dentro de un cuadrado: el espíritu en la materia. El triángulo es también un símbolo del movimiento hacia arriba del fuego. Los pies de la mujer están en contacto tanto con la tierra como con el agua, porque está tan arraigada en la conciencia como en el inconsciente. Tiene dos copas en las manos; con ellas va pasando agua de una a otra. Parece que una corriente de energía ininterrumpida uniera las dos copas. Es la circulación de la energía. En el lado derecho vemos nenúfares amarillos; en el izquierdo, un camino sube hasta la montaña; sobre ésta brilla el sol y se parece a una corona.

Después de la muerte viene la resurrección. Nos hemos transformado radicalmente, lo antiguo ha desaparecido; ahora ha llegado el tiempo de la meditación, de estar atentos para vivir realmente en el presente y no hallarnos con nuestros pensamientos en el pasado o el futuro. Se establece un profundo equilibrio interior, la pura alegría de toda la energía disponible. La Muerte existe sólo para aquellos que no pueden abandonar el pasado, la Templanza lo ha abandonado. Ha atravesado las aguas de Estigia, ha cortado todos los lazos. Sin embargo, no está completamente tranquila, tiene aún un futuro ante ella y se prepara confiadamente para salir volando. Se ha liberado del pasado, pero aún no ha hecho lo mismo con el futuro. Quizá por eso se la llame el ángel del tiempo.

Es consciente de que la luz del Colgado se ha cristalizado en ella; siente su divinidad, su naturaleza divina.

Si comparamos esta carta con la de los Enamorados, podremos observar lo siguiente: en la carta de los Enamorados la relación entre el cielo y la tierra representa un *ménage à trois* entre Adán, Eva y el Ángel. Por ello la primera mirada de los Enamorados es tan fugaz. Ahora la dicha del ángel que expresa la carta la Templanza ya no es tan frágil. La mujer ya ha logrado ser uno, desde su cabeza en el cielo hasta los pies en la tierra y el agua. Pero ella quiere más, quiere volar hacia la fuente, hacia el sol, quiere ser uno con Dios.

Así como el Mago en la carta la Fuerza penetró profundamente hacia su interior, el conductor del Carro abandona en la carta la Templanza su apego a lo material.

A diferencia del conductor del Carro, la mujer de esta carta ha entablado amistad con el agua del inconsciente. Pero aún no siente la paz definitiva, quiere continuar el viaje. La meta no le parece lejana. Ella no es consciente de que le quedan por atravesar muchos valles...

Ésta es la historia del ángel Lucifer y la historia del hombre que está hecho de luz, de divinidad, y que a pesar de ello, quiere ser Dios.

La Templanza revela que no todo fue abandonado en el proceso de la Muerte: aún quedan algunos deseos.

Desde la perspectiva astrológica, la Templanza puede corresponderse por algunos de sus aspectos con el signo Sagitario.

- **Interpretación**
  - La vida como fluir permanente
  - Equilibrio
  - Raíces y alas, cielo y tierra
  - Armonía
  - Juego con la energía

Medita sobre el chakra del corazón, siente cómo sé transforman las energías que puedes recibir con tu corazón abierto. Al espirar, envía bendición y amor. Tú eres capaz de llevar tu vida conscientemente, no te pierdes en el mundo material ni en sentimientos extremos u otros estados de conciencia.

A tu vida ha llegado un punto de tranquilidad; disfruta de la armonía y ofrece lo que hay en ti a los demás.

XV. El Diablo

No trates de volar tan cerca de Dios; quizá no consigas volver. Ícaro se cayó, convirtiéndose en cenizas. Lucifer perdió toda la luz y la belleza y se transformó en Satanás. El Diablo es la oveja descarriada del Nuevo Testamento, el hombre que ha perdido su camino.

La representación del Diablo en el Tarot Waite, si bien se corresponde con la imagen tradicional, introduce la belleza. Todos los atributos del Diablo están presentes en la carta: el color negro que representa la inconsciencia y la ignorancia; el macho cabrío con sus horribles alas de murciélago; la piel que cubre su cuerpo y los espantosos pies de pájaro; el Pentagrama invertido —con la punta hacia abajo— que simboliza la atraccción por el mundo de abajo, por la materia; las cadenas que amarran a los pecadores —Adán y Eva— según la imagen bíblica de la Caída del Paraíso.

La amenazadora antorcha recuerda los padecimientos del infierno, y los ojos enormemente abiertos están preparados para expresar una maldición. Sexo, ira, pecado, inconsciencia, prisión, ignorancia y apego: todo esto representan las cadenas. La mujer de la carta la Templanza pensó que no era cuerpo y ahora descubre que es bien corporal. Pensó que podía volar, y en lugar de ello vuelve a encontrarse en el infierno. Pensó que había dejado atrás los disgustos, el sexo, pero el Diablo le recuerda: tú eres tu disgusto, tú eres tu sexo.

El Diablo es el comienzo de la tercera parte de nuestra historia. Ha llegado todo lo lejos que un ser humano puede llegar. Es lo que queda cuando se ha perdido la ilusión de que podemos controlar nuestra vida y lograr dicha y satisfacción mediante nuestros deseos. No obstante, su rostro refleja belleza. Quizá sea la expresión de su rostro, sus ojos tan abiertos, lo que nos permite comprender que la conciencia es posible y necesaria en medio de la pasión, de la inmoralidad y del pecado.

Las dos figuras humanas parece que estuvieran divirtiéndose. En todo caso, no parecen esclavos: su postura es cómoda, digna, están erguidos, las cadenas que rodean sus cuellos son flojas y sus manos están sueltas, pueden liberarse en cualquier momento. Su condición de esclavos es libre, ya que ellos mismos eligen la cara oscura, la tentación.

Se trata de una expresión de su libertad, puesto que realizan conscientemente esa experiencia. Por ello no se les puede privar de la libertad. Seguramente, el Diablo piensa que podría usarlos, aunque también es posible que ellos le usen a él por puro gusto, porque la experiencia es excitante.

El Diablo representa también la otra cara de los Enamorados. En esta carta el mundo y la vida son tan bellos que los dos desean creer en sí mismos y en la realidad de este mundo. Quieren olvidarse del servicio y tomar del mundo lo que éste tiene para darles. Realizan una separación entre ellos y el mundo. Dicen: nosotros estamos aquí y el mundo está allí.

Pero esta separación del mundo no es un error casual; es la historia cristiana de Adán y Eva que fueron arrojados del Paraíso, aunque ahora tiene un significado más profundo.

Tenían que ser arrojados. No es que ellos se lo merecieran; es una regla básica de la vida. Si a Adán no se lo hubiese arrojado del Paraíso es posible que Cristo no hubiese existido jamás. Tuvo que perderse, para poder volver a casa.

De lo que se trata aquí es de penetrar lo más posible en la oscuridad. Y como lo expresan todas las cartas de los Arcanos Mayores, a través del camino de la aceptación se llega a la trascendencia. Para hacerse obediente, ser rebelde, para desprenderse del egoísmo, es necesario desobedecer. Todos los santos tienen un pasado y todos los pecadores un futuro. Recuérdalo y no sientas nunca miedo de lo prohibido.

En esta carta lo prohibido es el camino. Métete en él, ten valor, sé total; así lo prohibido perderá la fuerza de atracción que ejerce sobre ti. Investiga a fondo lo prohibido, urga en todos sus rincones. En el momento en que te enteres de cómo es el juego, ya estás fuera.

El Diablo representa también lo reprimido, el inconsciente, el cuerpo unido. Es todo lo maldito que hemos recibido. Todo lo que hemos escondido en el rincón más oscuro de nuestra conciencia y que se pudre allí sin ser visto.

En astrología, el Diablo representa el signo zodiacal Capricornio.

- **Interpretación**
  - Seducción
  - Egoísmo
  - Toda clase de dependencias
  - Magia negra

¿Aún crees en el Diablo? El Diablo está sentado en su pedestal y no hace nada. Sólo tienes que quitarte las cadenas, pasarlas por encima de tu cabeza y ya eres libre.

En este momento estás enredado en tus sentimientos, ilusiones y emociones oscuras. Ya no ves la luz, te has vuelto inconsciente. Piensas que el Diablo anda detrás de ti, que te quiere seducir, poseerte. Eres celoso, egoísta, tu horizonte es limitado. Dependes del sexo, de la buena vida, de la tele.... o de lo que sea. Abre los ojos y advierte que tú mismo te has puesto las cadenas. Pero puedes elegir, eres libre.

XVI. La Torre

Esta carta representa la última caída, el fracaso total, el desmoronamiento trágico. En ella vemos una Torre alta y gris situada sobre la cima solitaria de una montaña. En el extremo de la Torre resalta una enorme corona dorada. Una oscuridad absoluta rodea la Torre, atravesada por un rayo que cae del cielo. Dos figuras reales se precipitan al abismo entre llamas y oscuras nubes negras. Sus rostros expresan dolor y espanto.

La Torre simboliza el peor de los golpes contra la falsedad de nuestro ego, de nuestro sentimiento de no pertenecer al todo. La corona sintetiza el conjunto de las demás coronas del Tarot: la sobrevaloración de sí mismo, las máscaras de la personalidad, las ilusiones de poder personal. El rayo es un símbolo de Dios.

Con el Diablo habíamos llegado todo lo lejos que el ego puede llegar. Era la oveja descarriada del Nuevo Testamento. Éste es el extremo último, en que la razón puede funcionar. Ahora hay que dejarla atrás. Algo grande está ocurriendo. Un terremoto interior estalla, un volcán; todo lo que procede del pasado se rompe y destruye. La noche ha cubierto la oveja descarriada, no hay ninguna esperanza de retorno. El sueño se transformó en pesadilla, estamos frente a la exterminación. ¡La casa está en llamas! ¡La película es horrible! ¡Permite que nos salgamos! Ahora llega Dios, lo sobrenatural, el rayo, el trueno. El océano entero se lanza sobre la gota de agua. Estamos destruidos. El viaje completo, la Emperatriz y el Emperador, el Mago y la Suma Sacerdotisa, los Enamorados y el Diablo, todo. La corona que quería alcanzar la mujer de la carta la Templanza también está destruida.

La Torre encarna la liberación por medio de la catarsis, tras el último estallido. Las llamas de la dignidad caen de lo alto.

- **Interpretación**
  – La caída del caballo alto
  – Karma, destino
  – Derrota, destrucción
  – Ser reenviado hacia uno mismo
  – La Torre de Babel

Las raíces, la base sobre la que habías construido tu vida, no era auténtica. Era sólo apariencia. Tu vida se desploma como un castillo de naipes; todo lo que has erigido cuidadosa y reflexivamente se hunde en un segundo. Estás muy confundido: relájate, deja que las cosas ocurran, no luches. Quizá de este modo puedas sentir el alivio que trae consigo volver a empezar. Después de la caída despertarás, te sentirás receptivo, vital, pues lo que está ocurriendo en ti es más grande que tú.

La Torre representa también la explotación y el control que la humanidad intenta ejercer sobre la naturaleza.

XVII. La Estrella

Una bella mujer desnuda está de rodillas junto a un lago. Tiene dos cántaros en las manos; con uno arroja agua al lago y con el otro arroja agua a la tierra. Nos parece que sus reservas de agua fueran inagotables, porque lo que vemos como cántaros son en realidad dos fuentes de agua inagotables. Su rodilla derecha se apoya en la tierra, mientras que el pie derecho está sostenido místicamente por el agua; roza apenas la superficie del lago, pero no se moja. La naturaleza que rodea a la mujer es preciosa, y un sentimiento de calidez y dignidad envuelve la escena. A lo lejos canta un pájaro sobre una rama. El cielo es azul transparente; es el primer cielo azul que aparece desde la Rueda de la Fortuna y el Ermitaño. En el centro de la carta brilla una estrella enorme de ocho puntas, dorada como el cabello de la mujer; en torno a la estrella hay siete estrellas pequeñas. En total hay ocho estrellas: el número de la Fuerza, del infinito, del devenir eterno.

Quizá hayamos esperado un viaje, un movimiento geográfico, una diferencia espacio-temporal entre el valle y la cima de la montaña. Y ahora advertimos que la cima está exactamente en el mismo lugar donde está el valle. Sólo era necesario que la ilusión, el sueño, se destruyeran; la razón tenía que marcharse. Supusimos que las alas eran necesarias, que había que atravesar columnas, que había que viajar, y ahora comprobamos de pronto que despertamos en la cima, en medio del jardín. De repente, por un momento, estás completamente despierto. La mujer de la carta la Estrella tiene más energía de la que necesita, mientras que la mujer de la carta la Justicia debía sopesar su energía cuidadosamente. La primera puede dar, dar y dar...

El Ermitaño tenía el deber de liberar la estrella metida en la lámpara, sin romper el cristal. En la Torre la lámpara se rompió; ahora la Estrella está por fin libre. Los discípulos del Zen llaman a esta experiencia un *satori,* es decir, la captación espontánea de la naturaleza verdadera del ser.

La mujer de la carta la Estrella está en el mundo, no se esconde como el Ermitaño ni va detrás de ella como la mujer de la carta la Templanza. Su pie está posado sobre el agua como una flor de loto. Vive en el mundo, pero no lo utiliza. No hay ningún otro, además de ella, no hay vestidos, pues no tiene nada que ocultar, sólo tiene que darlo todo. Su cualidad es la riqueza desbordante.

La Estrella puede corresponderse con el signo zodiacal Acuario.

- **Interpretación**
  - Inclinación hacia el origen divino
  - Amplitud, infinito
  - Hombre y naturaleza en armonía divina
  - Conciencia
  - Fertilidad

Así como el agua retorna al océano, sientes el deseo de disolverte, de estar en armonía con tu entorno. Estás sentado en medio de la naturaleza en una noche estrellada y te pierdes en la inmensidad del cosmos. Dejas penetrar estos sentimientos en ti. Sientes tu naturaleza, dices sí a tu cuerpo, tu cabeza y tu espíritu. Esta carta te recuerda lo fantástico del regalo de poder ser una persona. Sean cual fueren tus problemas, recuérdalo.

XVIII. La Luna

Un cangrejo de color rojizo sale del agua arrastrándose lentamente; se halla de camino hacia un largo viaje que conduce a la oscuridad de la noche. Un perro y un lobo ladran a la Luna, que arroja una luz dorada sobre el camino que se extiende a través de dos columnas —los dos pilares del muno conocido— adentrándose en lo desconocido, lo místico, lo inexplorado. Esta carta comunica un sentimiento de magia, misterio y sueño. Intuición e imaginación, conciencia y duda, verdad y engaño, todo esto encierra la Luna. La carta muestra la última parte de nuestro viaje; a vista de pájaro es un resumen de toda nuestra vida, un volver la mirada por última vez hacia el conjunto de nuestra existencia. Expresa la evolución completa de la vida sobre el planeta Tierra. El lobo y el perro simbolizan el miedo y la añoranza. A través de los portales nos dirigimos de lo conocido a la conciencia pura que la Luna simboliza. Es nuestro último sueño intensamente iluminado de compasión y conciencia. Ahora que nos volvemos para mirar el camino podemos ver que está hecho de oro puro, que la luz no podía perderse realmente, pues todo el camino está iluminado.

La Luna se corresponde astrológicamente con el signo Piscis y cierra el cinturón del Zodíaco que se había iniciado con el Emperador (Aries).

- **Interpretación**
  – Sensibilidad, femineidad
  – Lo inconsciente
  – Infancia
  – Intuición, anticipación, visiones

Sientes surgir desde tu inconsciente imágenes, visiones y pensamientos, y sientes el anhelo de Dios, de la totalidad, de la unión del sol y la luna, de lo masculino y lo femenino. Te encuentras en algún lugar en medio del camino, ya no puedes volver, pero titubeas en tu marcha hacia adelante. La visión te indica mirar hacia tu interior con los ojos cerrados y seguir el camino, empleando todas tus fuerzas femeninas, intuición y paciencia. Ha llegado el momento de observar todos tus sentimientos e ideas, de conocerte a fondo. En relación con tus problemas, esta carta te convoca a ir hacia el fondo y observar el origen de los problemas, a no conformarte con las razones superficiales.

XIX. El Sol

Al final, el Sol brilla en lo alto del horizonte; sus bellos ojos miran serenamente el fondo de tu interior. Todo es transparente, natural, suficiente. Bajo su imagen un niño resplandeciente, con una corona de flores y una pluma adornando su cabeza, cabalga sin bridas ni silla de montar sobre un corcel blanco. En la mano lleva una enorme bandera de color naranja, y sus brazos extendidos se abren en un gesto de bienvenida y confianza total.

Detrás del niño se ve un muro adornado con girasoles. La imagen irradia ternura, inocencia, alegría y confianza. Por el camino de la Luna hemos llegado al jardín del Sol. La larga búsqueda de la luz ha quedado atrás. Finalmente, recordamos quiénes somos, que somos el Loco. El rostro de la Luna nos mira directamente; ante nosotros está la verdad. El niño Jesús saluda al mundo, Dios se alegra de su Creación.

Como hemos mencionado, las cartas del Tarot expresan, a partir de la Estrella, estados superiores de conciencia. Con ello penetramos en ámbitos inexplorados por la mayoría de nosotros. Cuando todos los ropajes han caído sólo queda lo que está más allá de la personalidad, lo que está más allá de la razón y, por ello, fuera del plano de la comunicación y del lenguaje.

La Luna era la primera carta que simbolizaba esta situación; ahora le sigue el Sol. Juntos representan la última experiencia de dos energías básicas, la masculina y la femenina, que el Loco conoció en la imagen del Mago y de la Suma Sacerdotisa. Pareciera que la película rebobinase hacia las imágenes del comienzo. No obstante, el Mago y la Suma Sacerdotisa, el fuego y el agua, se encarnan en personas humanas, mientras que en esta carta debemos experimentarlos como planos de conciencia pura, como energía cósmica.

Es la última mirada que arrojamos sobre nuestro universo, en el que el Sol es el centro proveedor de energía y el muro representa el Zodíaco, el mundo material, la Creación de todos los seres físicos, desde los electrones hasta los planetas.

Y el muro sigue estando allí como separación entre arriba y abajo.

- **Interpretación**
  - Confianza, inocencia
  - Seguridad, positividad
  - Creatividad
  - Luz, calor

Descubre el niño que hay en ti, la ligereza, la inocencia, la pureza. Hoy das la bienvenida al mundo con los brazos abiertos, disfrutas del cariño y del amor, agradeces todo lo que la vida te ha brindado y sientes una enorme confianza. ¡Deja que los demás participen de tu dicha!

xx. El Juicio

¡Despierta! La película está terminando y llega el momento en que el público debe abandonar la sala. Es el instante de superar todas las separaciones, todas las limitaciones, y de derribar todos los muros. El ángel de la resurrección sopla con fuerza su trompeta. Es el tiempo de la resurrección. Hombres, mujeres y niños salen de las sepulturas con inconfundibles gestos de gozo y alegría infinita, pues, como está escrito: «Él no es el Dios de los muertos sino de los vivos» (Marcos 18:27). La cruz del estandarte nos recuerda que la crucifixión es necesaria para poder experimentar la resurrección. Que la Muerte y la Torre fueron necesarias para poder experimentar la vida eterna, aquello que nunca puede morir.

El niño Dios es ahora el ángel, Jesús sube al cielo. El Maestro se eleva hacia lo sobrenatural. Incluso las cimas de las montañas deben abandonarse. La llamada es poderosa: Ven, sígueme hacia lo desconocido...

> Si llueve fuego
> debes ser como el agua.
> Si hay demasiada agua
> sé como el viento.

Si la marea alta sube
sé como el cielo.
Y si llega la última de las mareas de todos los mundos
abandona el yo
y sé el Señor.

(Allama Prabhu)

- **Interpretación**
  - Dios, religión
  - Reencarnación
  - Luz
  - Re-Unión

Algo nuevo aparece en tu vida, otra dimensión. Ya no te sientes como un individuo encapsulado, sino como parte de todo el universo. Sientes la unidad con lo divino, descubres tu religiosidad originaria, independientemente de las religiones convencionales. Esta carta representa «soltar» y comenzar en otro plano.

XXI. El Mundo

Dichosa, una bella mujer baila la misma danza estática del Loco. Ninguna otra figura de nuestra historia había bailado, ya que cada una de ellas representaba sólo un paso de la danza del Loco. Ahora podemos ver la danza completa, pues sólo el Todo puede bailarla. El número Cero del Loco ha aumentado su forma, hasta convertirse en una guirnalda que contiene toda la existencia.

La danza del Loco era una oportunidad muy arriesgada: al borde del abismo. Ahora el riesgo ha desaparecido; no hay ningún lugar donde caer, ya no hay separación entre arriba y abajo. Ya se arriesgó y perdió todo; por ello ya no hay nada que perder ni ganar, puesto que mientras todo se perdía, todo se ganaba.

Igual que la Rueda de la Fortuna, el Mundo es un mandala. Una carta nos muestra el orden profundo que reina en el caos; la otra, el cosmos puro. La cuatro criaturas de la Rueda de la Fortuna que viven el libro de la ley han perdido ahora su libro, ya que la única ley que existe en este momento es la danza de la existencia.

¿Pero por qué esconde el Mundo sus caderas tras un velo? Los cuerpos desnudos de las cartas de los Enamorados, el Diablo, la Estrella, el Sol y el Juicio no tenían nada que ocultar. ¿Qué esconde, pues, el Mundo bajo su bella estola? Su ser andrógino, que es hermafrodita. Adán y Eva, lo masculino y lo femenino, se han unido para siempre.

> No utilizar nada,
> No desear nada,
> Está lleno de fuerza.
> Sin miedos, sabio, iluminado.
> Ha dejado todo tras de sí.
> Ve su pureza a través de la virtud.
> Ha llegado al final del camino.
> Más allá del río de todas sus vidas
> Y de todas sus muertes.
> Más allá del dolor y del infierno,
> Más allá del júbilo del cielo,
> A través de la virtud de su pureza.
> Ha llegado al final del camino.
> Todo lo que quería hacer, lo hizo.
> Y ahora es uno.
> *(Dhammapada)*

- **Interpretación**
  – Universo, todo es uno
  – Armonía
  – Libertad
  – Satisfacción, trascendencia

Todo encuentra el lugar que le corresponde. Aprecias el sentido de todas las experiencias de tu vida y aceptas con alegría las condiciones humanas de la vida en la tierra. Si puedes decir sí a todo, se acaba la lucha y tu danza es una con la danza del universo.

Sientes que puedes encontrar la satisfacción en ti mismo, que en ti está todo lo que siempre has buscado fuera de ti.

Las Figuras de la Corte

Las Figuras de la Corte

Las Figuras de la Corte representan personas que se corresponden con un prototipo o que desempeñan un papel determinado. Son el resultado de nuestros condicionamientos, de los juegos que desplegamos a través de nuestra existencia humana.

Comenzaremos por la presentación de cada una de las Figuras de la Corte y luego expondremos la relación entre ellas, para dar a la vez un ejemplo de las múltiples combinaciones y posibilidades de interpretación que ofrecen las cartas del Tarot.

Las Sotas son figuras estáticas, mientras que la energía en las cartas de los Caballos se expresa claramente a través del movimiento del animal. La Sota puede representar tanto la energía masculina como la femenina, mientras que el Caballo tiende hacia lo masculino. De las Sotas, sólo la de Copas parece tener un interés verdadero por entrar en contacto con los demás; las otras pueden jugar solas.

Sota de Espadas

Es el «viva la vida», el joven desconfiado, cuyos pies están en el aire. El joven comienza a advertir los problemas de la vida, que son muchos. Es Hamlet, que nunca está seguro, si quiere serlo realmente. Es conflicto: entre amor y odio, sí y no, acción y retirada, valor y miedo. Es el aprendiz, que aprende contra su voluntad. El riesgo es que se quede atrapado en este dilema, que no crezca y sea un cobarde eternamente.

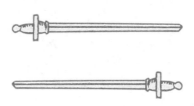

Sota de Bastos

Es el que está de viaje por la vida, el joven que ha descubierto sus energías, el amante erótico, el bailarín, el músico. Es honrado, sencillo, un hombre práctico. Posee la confianza de la juventud dispuesta a viajar. Es el joven deportista que se entrena a sí mismo. Es Narciso que se admira a sí mismo. Para reconocer su auténtico valor pondrá obstáculos en su camino y deberá encontrarse con otras personas.

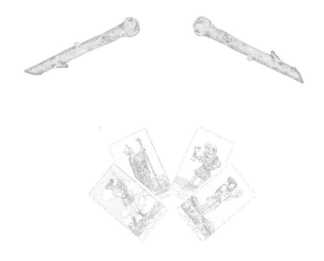

Sota de Copas

Es el actor, tanto en el teatro como en la vida: siempre está en el escenario. Es el poeta, el amante platónico, el trovador que hace de su amor un regalo. Es el pillo encantador, lleno de fantasía, ocurrente y curioso. Pero existe el peligro de que sea siempre un *amateur*. El riesgo de la superficialidad, del comportamiento social afectado. Para poder abandonar este juego y conocer la plenitud de la vida necesita saborear antes un poco de amargura.

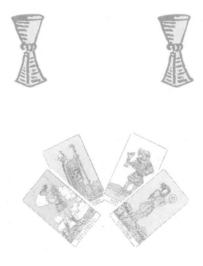

Sota de Oros

Es el estudiante, el discípulo, el que medita; está aquí y ahora, sorprendido ante la belleza que le rodea. Es el estudiante de arte, que se halla completamente absorbido en el acto de su creación. Es bello, espiritual y rico. Su riesgo es la pureza excesiva, no le gusta ensuciarse las manos, pero quizá tenga que hacerlo...

Los Caballeros están dispuestos a conocer la existencia de los demás y a enfrentarse con ellos, cada uno a su modo. Poseen un caballo, que representa corporeidad y movimiento. Llevan una armadura que simboliza tanto la razón como la necesidad de autodefensa. Se han lanzado a la aventura en un mundo colmado de riesgos.

CABALLO DE ESPADAS

Es el luchador, el guerrero, el cruzado, el que dice no. La Sota ha tomado finalmente una decisión: quiere luchar, dejar tras de sí todas las inseguridades. Es agresión, ataque, voluntad, determinación, negación total. Está dispuesto a matar y a que lo maten. Pero también es demasiado duro consigo mismo...

Caballo de Bastos

Está preparado para la acción: la Sota ha advertido la existencia de los demás, está dispuesta a competir con ellos. Su intención no es herir a los demás, sino afirmarse a sí mismo. Es el *cowboy,* el deportista competitivo, el joven y agresivo hombre de negocios, el rebelde bueno, un Robin Hood. Sus ojos muy abiertos expresan prudencia. Su caballo quiere salir a toda velocidad, hay que contenerlo.

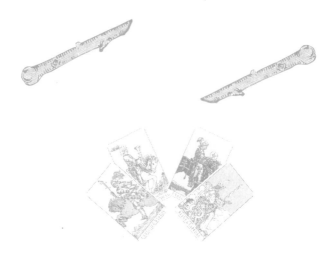

Caballo de Copas

Es el amigo bien intencionado, el amante cuidadoso, el diplomático. Es creyente, religioso. Es el Caballero del Santo Grial. La Sota ha bajado de su escenario de ensueño para vivir la aventura de la vida. No está seguro de que su copa esté llena o vacía. No obstante, quiere dar y recibir, pero con cautela. Sus ademanes son un poco rígidos, pero valientes. Ha experimentado el rechazo; sin embargo, continúa ofreciendo algo.

CABALLO DE OROS

Es el trabajador, el que actúa, el mensajero. La Sota está dispuesta a ensuciarse las manos. Como campesino labra la tierra, como artista lleva los productos de su creación a la plaza del mercado; si medita, coteja su conciencia con el mundo real. El caballero da, pero mantiene su enorme guante, parece que tuviera miedo de caerse del caballo: suda, está cansado, los cabellos le caen sobre la cara. Su caballo se parece más a un mulo que a un caballo; comunica una agobiante sensación de pesadez.

Reina de Espadas

Es la madre dura, la educadora ejemplar, la viuda amargada, la esposa que todo lo critica, la exitosa mujer de negocios. Independientemente de la posición que adquiera, ésta la ha logrado mediante la lucha, el triunfo y la derrota del Caballo. Expresa tanto la participación como el juicio duro, una de cal y otra de arena. Su aprendizaje fue a través del dolor, no lo ha olvidado. Y esto seguirá aplicándolo con los demás.

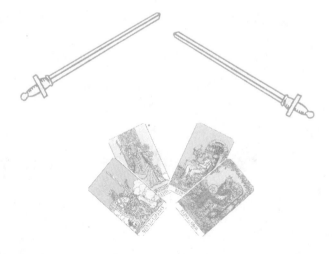

Reina de Bastos

Ha demostrado superioridad natural; la competencia está vencida. Transformado en Reina, el Caballo puede por fin descansar. Está muy arraigada en su cuerpo, su naturaleza es abierta. Posee el trono más sencillo de todas las Reinas, no necesita ningún despliegue, su presencia es majestuosa. Sus rodillas están separadas, del mismo modo que está abierta la flor de girasol que nos muestra. Su fuerza es la fuerza de la naturaleza. Si la Reina de Espadas es la madre, ella es la amiga fiel.

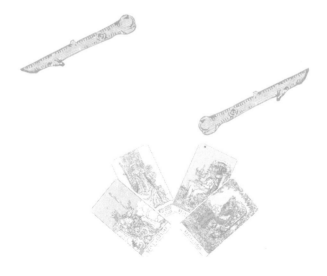

Reina de Copas

La sed del Caballo se ha calmado, el amor ha florecido, la Reina puede fundirse y perderse en sus sentimientos. Sabe sacar fuerzas del inconsciente. Su cuerpo se adapta a la forma del trono como el agua a la del vaso y sus pies son uno con el mar. Su trono es una concha marina, una abertura, un útero, pero están bien apoyados en la tierra. Ella es la amante, la soñadora, la que recoge caracoles en la playa. Es la *femme fatale* que se mira al espejo permanentemente, la joven madre amorosa, la sirena, la vidente que mira su bola de cristal. Es Penélope que espera el retorno de su amante para siempre.

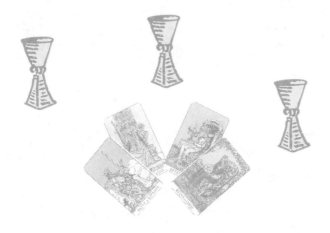

Reina de Oros

Los esfuerzos del Caballo se premian con la cosecha; el artista ha vendido su obra, el meditador ha enriquecido su conciencia. La Reina es la *first lady,* muestra riqueza interior y exterior. Está satisfecha, feliz y llena de paz. Su cuerpo es el punto de partida de una nueva vida como lo muestra el conejo a su lado, pero su alma es la de una virgen. Es la dama de la casa, coleccionista de arte, jardinera, guía espiritual, pintora o música consagrada. Es la Virgen María, santa Teresa, la mística que ha encontrado el cielo —aquí y ahora— en esta tierra.

Cada uno de los Reyes simboliza la máxima expresión humana de una energía determinada, de un elemento determinado, de un camino determinado de la experiencia humana.

Rey de Espadas

Con él se estableció la autoridad a través de la violencia; las penas de la Reina se han olvidado. Su espada está preparada para actuar. No la lleva como símbolo de poder como lo hacía la Reina, sino que la usa como clara amenaza, empleando mucha energía en ello. La tensión de sus labios y el cansancio de sus ojos expresan su disgusto. Él representa el padre autoritario, la figura paterna por excelencia, el policía, juez, profesor. Es el responsable en todos los sectores donde se manifiesta el poder institucional. Si el Caballo era el cruzado, el imperialista, el Rey es el misionero que va con la Biblia en la mano. Ha llegado al punto más alto del camino de las Espadas.

REY DE BASTOS

La Reina se ha tranquilizado y gozado de la vida. Su conciencia es pasiva, mientras que el Rey vuelve al movimiento. Ella estaba en el aquí y ahora completamente; él vive para el futuro. Con él se cierra el círculo —las salamandras de su trono se muerden la cola—; sabe que puede luchar y encontrar la serenidad. Pero desea más que eso. Es el guía, el padre de familia bueno y responsable, el compañero serio y fiel. Y a pesar de ello expresa perplejidad, pues advierte la inseguridad que el exceso de seguridad trae consigo. En la carta aparece una salamandra viva junto a su trono como símbolo del fuego, que continúa ardiendo con fuerza en él.

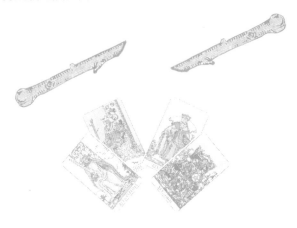

REY DE COPAS

El Rey parece duro y serio, aunque como Reina haya podido experimentar la satisfacción a través del amor. El mar que rodea a la Reina está en calma; el que rodea al Rey, encrespado. Anuncia aventura. Sus sentimientos se hicieron tan fuertes que tiene que reprimirlos. Carga con demasiada responsabilidad sobre sus hombros, y mantener los sentimientos bajo control le trae inseguridad. De la cadena que rodea su cuello cuelga un pescado muerto, mientras que los peces vivos saltan en el agua a su lado. No le resulta fácil navegar con su trono de piedra, corre el riesgo de hundirse... Él representa el artista de éxito, el psicoterapeuta, el escritor profesional. En oposición a la Reina, hace un espectáculo de su poder.

REY DE OROS

Ya no puede lograr más de lo que ha conseguido. Completamente satisfecho, el Rey está sentado en el trono; es pacífico, feliz, un hombre de éxito. Se ha autorrealizado. ¡Hasta la naturaleza que le rodea florece y se transforma en parte de su traje! Es el símbolo del buen padre, del guía sensible, del mejor marido que pueda imaginarse. Él es señor de sí mismo. Pero sigue desempeñando un papel. Todo lo tiene, disfruta de ello y está dispuesto a defenderlo, si lo viera amenazado: bajo su traje lleva una armadura.

Experimentos con las Figuras de la Corte

Experimentaremos con las Figuras de la Corte, colocando las Reinas junto a los Reyes y observando las parejas que representan.

✦ Reina y Rey de Espadas ✦

Él oye los reproches continuos de ella; ella tiene que ver siempre el rostro tenso y la postura rígida de él. No pueden mirarse a los ojos. Debido a sus juegos de complicidades, dependen uno de otro, pero no quieren tener un contacto auténtico entre sí. Los dos son individuos cerebrales y cada uno le reprocha al otro su situación. El traje de él está tan bien plachado como reprimida está su cólera. A pesar de sus demostraciones de poder, no deja de ser un calzonazos.

⊕ Reina y Rey de Bastos ⊕

Están en contacto y se miran a los ojos. Son personas prácticas y arraigados en sus cuerpos. La igualdad reina entre ellos, pero ambos quieren conservar su independencia. Por este motivo aparecen la competencia y las tensiones entre ellos. La mano izquierda de él surge impaciente por debajo del manto recién echado hacia atrás: quizá su satisfacción lo ponga nervioso; en todo caso, parece que pudiera saltar en cualquier momento y originar una controversia.

✢ Reina y Rey de Copas ✢

Los dos son personas de sentimientos, seres que se pierden con gusto en sus sueños y emociones. Él sueña con el arte, la terapia, la cultura y la gloria; ella, con tierras lejanas y otros amantes. Parece frágil, pero apenas le amenace con abrir la caja de Pandora, será peligrosa. A él le gusta el juego, le gusta investigar y analizar su psiquis, saber cómo puede brindarle protección y apoyo.

✥ Reina y Rey de Oros ✥

Relajadamente y con la mirada clara, los Reyes están sentados en sus tronos; viven con conciencia. Se observan, pero ninguno ve en el otro lucha, competencia ni pasiones. Cada uno se refleja claramente en el otro, sin proyecciones. No dependen uno de otro como la pareja de las Espadas, ni tampoco son independientes del modo en que lo son la pareja de los Bastos o las Copas. Entre ellos existe interdependencia y armonía a través del silencio, la relajación y la meditación. Están recíprocamente satisfechos. Comparten la alegría de vivir que sienten y disfrutan de la compañía de los demás. Si están solos, nada les falta.

Las Familias

✦ La Familia de las Espadas ✦

Si observamos ahora la Sota y el Caballo como niños, en las Espadas llama la atención que tampoco los niños son capaces de jugar entre ellos. Toda su energía se halla bloqueada en la discordia con sus padres y no les queda nada para jugar entre ellos. Parece que sólo tuvieran dos posibilidades: confrontación abierta y agresión, o ira reprimida por temor, debilidad y neurosis.

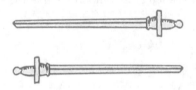

✦ La Familia de los Bastos ✦

En esta familia los niños se dejan a su suerte. ¿Pueden hacer otra cosa entre ellos que no sea competir y jugar a la guerra?

⊕ La Familia de las Copas ⊕

Con las Copas la situación es distinta. El Caballo se parece a su padre; es tan seguro y protegido como lo está él bajo su armadura. Pero da un paso más que su padre: se abre a los demás como un hermano menor y les ofrece su amor.

En el ambiente cuidado de las Copas los niños aprenden a jugar cariñosamente, a compartir y a abrirse a los demás.

⊕ La Familia de los Oros ⊕

En la Familia de los Oros los niños han recibido todo lo que humanamente se puede recibir. Su hogar era demasiado armónico, demasiado tranquilo y demasiado perfecto: y ellos, como los niños de la familia de las Espadas, no pueden jugar entre sí. Los padres no necesitan a sus hijos, ni éstos a sus padres. Ahora los hijos tienen que irse de casa y, con el regalo que han recibido, seguir su propio camino.

Los Arcanos Menores

Introducción

Las cartas de los Arcanos Menores permiten una multiplicidad de interpretaciones, de las cuales aquí sólo podemos ofrecer algunas.

Antiguamente, estas cartas sólo incluían los números y los símbolos de las cuatro series de la baraja tradicional. Waite fue el primero en adornarlas con imágenes simbólicas. Aunque no poseen los significados simbólicos y arquetípicos de las cartas de los Arcanos Mayores, son ricas en estímulos figurativos y expresan ejemplos de situaciones de la vida cotidiana.

Los Arcanos Menores se dividen en cuatro series. El número de cartas de cada serie se cuenta de Uno a Diez, y a estas cartas se les suman las cuatro Figuras de la Corte: Sota, Caballo, Reina y Rey.

Los Números

✥ Uno, As
El As destaca en todas las cartas, ya que del Uno se derivan todos los demás números. Siempre que aparece un As se expresa una energía muy fuerte, porque estamos ante la expresión más clara de toda la serie. El As se relaciona con la creatividad, el comienzo, la individualidad. Los Ases son la armadura básica del Mago y el contenido del hatillo del Loco. El As es el punto.

✥ Dos
El Dos es la representación de la idea de división, de dualidad. Expresa todo lo negativo y todo lo positivo que es capaz de ocurrir. El Dos es la línea.

✥ Tres
Este número simboliza la síntesis, la fertilidad, la trinidad. El Tres es la superficie.

✥ Cuatro
El Cuatro es el símbolo básico de la materia, es el cuadrado, el cubo. Representa el mundo material, el volumen, el espesor, la estabilidad, pero también el estancamiento, el letargo, la inmovilidad. El Cuatro es el espacio.

✥ Cinco
El Cinco simboliza un desarrollo nuevo: dinamismo, la materia se amplía con el factor tiempo: se mueve.

⊕ Seis
El Seis representa la toma de conciencia del pasado, del presente y del futuro.

⊕ Siete
El Siete representa crisis, inseguridad, inestabilidad.

⊕ Ocho
El Ocho simboliza el ciclo, el flujo y el reflujo, la transformación y la muerte.

⊕ Nueve
El Nueve representa la plenitud, la culminación de un proceso.

⊕ Diez
El Diez es el punto más elevado de la serie, el cierre de un proceso, un nuevo punto.

A continuación exponemos algunas de las características de los cuatro componentes de los Arcanos Menores, y luego nos ocuparemos de cada una de las cartas.

✦ Las Espadas ✦

Al principio está el espíritu (1), que se afirma con claridad y transparencia, que separa y analiza. Es un punto de partida que implica separación, división. El yo (2) dividido, el corazón cerrado que al abrirse debe soportar el dolor (3), la pena de amor y los celos. A éste sigue la depresión (4), el letargo, la soledad, la incapacidad de tener una relación alegre con el otro; la lucha (5), el abandono, la culpa adjudicada al otro, el intento de engañarlo. Sólo queda la posibilidad de huida (6), la búsqueda de otras orillas, pero también en la huida llevamos con nosotros nuestros propios pesares. Se busca la adaptación (7), la alegría en medio de la desdicha, disfrutar con la desgracia ajena, se intentra traicionar a los demás, usarlos. Pero en todo esto no se es el más inteligente (8), la razón está encarcelada y la experiencia de la pesadilla (9) se perpetúa hasta el final amargo, hasta la muerte mediante la espada (10) que anuncia simultáneamente un nuevo día.

✥ Los Bastos ✥

De la selva de las Espadas llegamos al bosque lleno de promesas y brotes de vida (1); el Basto como cetro que, a diferencia de la Espada, no hiere; puede brindarnos apoyo, servir de bastón de viaje. Y en el programa hay realmente un viaje (2), quieres mudarte, conocer mundo. El viaje es real (3), te encuentras a mitad de camino y tienes que enfrentarte a lo desconocido. Llegas a un lugar (4) donde encuentras una comunidad, una casa en el campo; hay amigos, alegría, fiestas, pero las relaciones resultan problemáticas (5), se originan tensiones, controversias, mientras no estés dispuesto a buscar una meta, un ideal común (6). Pero en la lucha volvemos a encontrarnos finalmente con nosotros mismos (7), vivimos nuestra crisis de identidad, la soportamos, resistimos, nos defendemos y hallamos por fin la energía pura en nosotros mismos (8). Sentimos gran desconfianza y miedo ante los Bastos reunidos (9) y finalmente nos decidimos a pensar en nuestras experiencias; recogemos velas, echamos el ancla y quemamos el pasado (10).

✣ Las Copas ✣

Del bosque llegamos al jardín y aquí no sólo nos abrimos a las experiencias sino también a las sensaciones y los sentimientos. Sentimos el fluir de la energía (1) y descubrimos el amor (2). El encuentro con los demás se transforma en una fiesta (3) y los vemos con ojos nuevos. Pero tarde o temprano retornamos a la soledad (4), nos detenemos, hemos perdido la confianza. Aunque estamos satisfechos con lo que tenemos, experimentamos sentimientos de culpabilidad, porque hemos perdido oportunidades (5). Evitamos los encuentros y tratamos de hallar la satisfacción en el sueño (6). ¿Pero es verdadero este sueño (7)? Es la primera forma de aproximación a lo mágico, hasta que decidimos dejarlo todo (8) y salir en busca de lo desconocido. Así encontramos la fuente en nosotros mismos (9), abrimos nuestro corazón, estamos dispuestos a recibir visitas y sentimos que al enamoramiento sucede el amor profundo (10).

✥ Los ⊙ros ✥

Hemos llegado a casa. Sólo ahora podemos ver lo que está más allá de la esfera de los sentimientos: la energía (1) que ofrece Dios y que apenas es recibida se divide y origina indecisión (2). Estamos dispuestos a emplear la energía en un fin superior (3), nos sometemos a una disciplina y más tarde nos aferramos a sus resultados (4), nos transformamos en egoístas. El mundo nos confunde en su alboroto, destruye nuestra seguridad (5). Abandonamos el marco de nuestras seguridades y nos perdemos hasta que decidimos ser modestos (6). «Cosecharás lo que has sembrado» (7), y lo cosecharemos, aunque todavía debamos darle forma, trabajarlo (8). Sólo después de esto seremos verdaderamente ricos y experimentaremos el sentimiento de haber llegado a casa (10).

Las Espadas

En las cartas que representan las Espadas observa siempre el cielo; te dará información clara sobre el significado que la carta quiere transmitirte.

As de Espadas

Una mano blanca e iluminada sale de una nube y sostiene con firmeza la empuñadura de una espada. En la punta de la espada vemos una corona con una rama de olivo y una hoja de palmera. Al fondo se extiende un paisaje árido de montañas.

El As de Espadas representa el elemento aire, el pensamiento y la diferenciación. Simboliza la razón; dice: «Pienso, luego existo», y ¡yo quiero! La espada destruye nuestra ilusión y nos ayuda a ver los hechos con objetividad en momentos de inquietud emocional y confusión; nos ayuda a despejar la niebla.

Simboliza separación: es la espada que corta el cordón umbilical y separa de la madre al niño.

- **Interpretación**
- – Fuerza de voluntad, razón
- – Dolor
- – No en oposición a sí
- – Fuerza mediante la resistencia
- – Diferenciar y decidir
- – Claridad

II DE ESPADAS

Una mujer con un traje blanco está sentada en un pedestal ante el mar. Tiene los ojos vendados y los brazos cruzados delante del pecho. En cada una de sus manos sostiene una espada. La media luna creciente brilla en el cielo.

La postura de la mujer indica que quiere defenderse de los sentimientos. Comunica miedo y disgusto, y la imagen nos muestra cómo, al cruzar los brazos, la mujer corta los sentimientos de su corazón. Mantiene los ojos cerrados ante el mundo, intenta ir hacia dentro. Parece pedirnos que la dejemos en paz. Ella misma se aísla.

Las dos espadas: nombra dos cosas que te bloquean.

• **Interpretación**
   – Incapacidad para tomar decisiones
   – Sensación de estar atrancado
   – Autoprotección, alejamiento
   – Miedo a los sentimientos

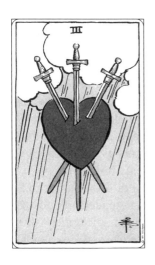

III DE Espadas

Tres espadas atraviesan un corazón rojo. El color rojo del corazón resalta claramente sobre el fondo del cielo gris. Las pesadas nubes dejan caer la lluvia. Es el único corazón del Tarot y está atravesado por espadas. Al observar esta carta apreciamos inmediatamente el dolor, el corazón desgarrado. Parece que debiéramos sentir este dolor en nuestro corazón, para descubrirlo y despertarlo a la vida.

Pero la herida no sangra, el dolor no es reciente, es antiguo. Y esto podría ser también una indicación de aceptación total de las heridas para trascender el dolor.

Saca tres cartas para ver lo que las tres espadas significan para ti.

- **Interpretación**
  - Dolor, corazón partido
  - Viejas heridas
  - Lágrimas, catarsis
  - Pena de amor

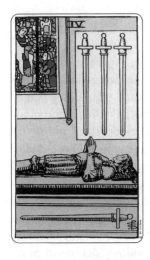

IV DE ESPADAS

Un hombre está tendido sobre un ataúd, con las manos levantadas en señal de oración. Una espada está representada en el ataúd y otras tres cuelgan de la pared. Al fondo brillan los maravillosos colores de la ventana de una iglesia iluminada.

El hombre se ha entregado, ha enterrado y reprimido definitivamente sus sentimientos. Se aísla completamente de los demás, pero no siente tranquilidad verdadera, los pensamientos que van y vienen alteran su estado de ánimo. La razón no le deja en paz.

Para que nuestras heridas puedan curarse, a veces necesitamos aislarnos por un tiempo. Por ello esta carta también simboliza un tiempo de observación interna.

Lo único que tiene color en ella es la ventana de la iglesia, que nos predispone positivamente y acentúa el aspecto religioso. En la imagen, una mujer parece bendecir a un niño.

- **Interpretación**
  – Aislamiento, retirada
  – Tiempo de observación interna, curación
  – Serenidad tramposa, meditación

V DE ESPADAS

Un joven aparece en primer plano. Tiene dos espadas erguidas en la mano izquierda y con la mano derecha parece apoyarse en otra. Al fondo, dos hombres se dirigen hacia el mar. Dos espadas están esparcidas por el suelo. El cielo está cubierto de nubes dentadas. ¡Una carta misteriosa! En ella están representados el triunfador y los vencidos que abandonan humillados y débiles el campo de batalla. Es el momento de la derrota y de los sentimientos posteriores de rabia y desesperación. Incluso el cielo parece reflejar esta situación. La carta irradia un fuerte sentimiento de dolor. Representa también los sentimientos que experimentamos cuando nos abandonan.

Piensa en qué sientes que esta carta te representa.

- **Interpretación**
  – Pérdida, abandono
  – Humillación, vergüenza
  – El dolor tanto en el triunfo como en la derrota

VI de Espadas

En esta carta vemos un barquero, una mujer y un niño en una barca. Dentro de la barca hay seis espadas. Al fondo se ve la orilla.

Las personas, quizá una familia, navegan hacia un futuro incierto. Lo único que les ha quedado son las experiencias dolorosas del pasado, las preocupaciones y la esperanza de un futuro mejor, simbolizado por medio de las espadas.

La postura de la mujer indica que se ha resignado a su situación largamente penosa.

Parece haberse entregado a su destino. Está pasando por una fase difícil de su vida.

• **Interpretación**
 – Viaje al futuro incierto
 – Viejas preocupaciones y miedos, esperanzas
 – Entrega al destino

VII DE ESPADAS

Un hombre que parece un payaso se aleja sigilosamente con cinco espadas en sus brazos. Otras dos espadas permanecen clavadas en el suelo delante del campamento, que acaba de dejar.

¡Una situación peligrosa! El hombre conduce el coche y mira simultáneamente por el espejo retrovisor: se dirige al futuro pero mira hacia el pasado. Desea evadirse de una situación, evitar un conflicto, pero siempre se deja algo. Las dos espadas siguen clavadas en el suelo, no se ha librado de ellas. Al mismo tiempo, se corta con las cinco espadas que lleva en las manos. No sabe cómo enfrentarse con espadas afiladas, con dificultades.

Reacciona ante los nuevos conflictos empleando viejos modelos; no se relaciona abiertamente consigo mismo y por eso se queda solo.

- **Interpretación**
  – Evitación de conflictos
  – Viejos modelos reactivos
  – Astucia, robo

VIII DE ESPADAS

Una mujer está atada y con los ojos vendados en medio de un semicírculo de ocho espadas. Sus pies están delante de un charco de agua. Al fondo se divisa una fortaleza.

La mujer ha dejado su patria, su burgo, pero ahora no sabe qué hacer con la libertad ganada. Aún tiene la sensación de sentirse encarcelada, porque cree en su propio desamparo. En realidad, puede liberarse de las ataduras en el momento en que lo desee: rodean su cuerpo sin ajustarlo. Puede quitarse la venda de los ojos y ver la situación tal como es. Clavadas en el suelo, las espadas la rodean, pero el camino hacia delante está abierto. De modo que puede asumir la responsabilidad de sus próximos pasos.

- **Interpretación**
  - Creencia en la debilidad y desamparo propios
  - Ilusión de estar encarcelado
  - Incapacidad de asumir la responsabilidad de la propia vida
  - Crisis

IX de Espadas

Una mujer está sentada en la cama con la cara entre las manos. Tiene el cuerpo medio cubierto por una manta ornamentada con motivos de rosas y los signos del Zodíaco. De la oscuridad cuelgan nueve espadas. Su vida se ha convertido en una pesadilla. La historia de las Espadas se acerca al clímax: ¡ha llegado el momento de despertar! El tamaño de sus penas y sus miedos es tan grande que pareciera contener el dolor del mundo entero.

Las espadas no se tocan, el dolor de la mujer es inmaterial y viene de su imaginación. Ahora le ha llegado el momento de expresar sus preocupaciones y sentimientos, de dar un nombre a cada una de las espadas, de permanecer en el «pequeño» problema que le atañe y no perderse en las abstractas y lejanas «penas del mundo». El potencial, la vitalidad y la energía para el comienzo nuevo están ante ella, simbolizados por las rosas de la manta de su cama.

- **Interpretación**
  - Pesadillas y desesperación
  - Tortura del pensamiento, preocupaciones
  - Tiempo de despertar
  - Descubre tu potencial

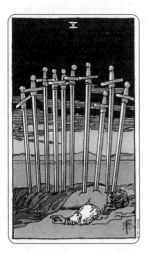

X de Espadas

Un hombre está tendido de bruces en el suelo a orillas del agua. El cielo se abre y la claridad, la luz brillante, luce en el horizonte.

¡Ya está! Los límites de la razón se han alcanzado. Peor ya no puede ser. Por fin ha terminado la lucha, la noche queda atrás, despunta el día.

Esta carta no representa la muerte corporal, sino la muerte de la razón. Cuando ello ocurre, aparece la serenidad, la belleza, la tranquilidad, el amor, la alegría, la risa y la luz.

- **Interpretación**
  - El fin de la razón
  - Abandona la lucha
  - Después del punto máximo surge la tranquilidad, la belleza
  - De la oscuridad hacia la luz

Los Bastos

As de Bastos

Una mano resplandeciente, que sale de una nube, sostiene un leño con hojas verdes. Al contrario de lo que ocurre con el As de Espadas, la palma de la mano en esta carta está de frente a quien la observa. Al fondo vemos un bello paisaje con un río, una fortaleza y montañas.

La frialdad de las Espadas se reemplazó por algo vivo. El As de Bastos es una rama fresca, de la que crecen hojas verdes. Representa el elemento fuego, el falo, la energía masculina, la fuerza para crecer. Es la vara del mago. En oposición al «yo quiero» de las Espadas, que procede de la razón, el As de Bastos grita lleno de vida y energía: «Yo deseo.» Es la voluntad mágica.

Aprovechas la oportunidad, coges las riendas de tu vida con tus propias manos. El As de Bastos irradia calor y fuerza.

- **Interpretación**
  - Fuerzas nuevas, crecimiento, desarrollo, vitalidad
  - El falo, la fuerza masculina
  - Responsabilidad y decisión
  - Primavera

II DE BASTOS

Un hombre está de pie en la atalaya de una fortaleza y contempla un paisaje de montañas y mar. En la mano izquierda tiene un basto; a su derecha hay otro, fijado al muro. Con la mano derecha el hombre sostiene la esfera terrestre. A su izquierda vemos una cruz de rosas y lilas incrustadas en el muro.

Él logró todo lo que deseaba: Tuvo éxito, reunió un patrimonio, fue amo de su pequeño mundo. ¿Y ahora qué? Esto ya no le satisface. Hay un mundo más grande, que le espera.

El fuego —simbolizado por los dos bastos— no está satisfecho por demasiado tiempo con lo que ha logrado. Él no conoce la pausa, desea crecer, pero siente que buscar la satisfacción en el futuro no tiene sentido. Las rosas y las lilas del muro representan el renacer, la luz y la conciencia.

- **Interpretación**
  - El éxito no brinda satisfacción
  - Vive en el presente y no en el futuro
  - Indecisión, espera

III DE BASTOS

Un hombre está de pie sobre una colina y, de espaldas a quien le observa, contempla un centellante mar dorado, por el que pasan barcos. En torno a su figura, tres bastos están clavados en el suelo. El hombre se apoya en uno de ellos con la mano izquierda.

Está en busca de lo nuevo, de lo desconocido, de una realidad superior. Desea tomar parte en el juego de la vida y está dispuesto a arriesgar algo. Ha andado ya una parte importante del camino y ha llegado hasta el mar. Éste representa la amplitud del universo, la unidad, el todo. Finalmente, todos los ríos desembocan en el mar.

Complacido, el hombre observa pasar los barcos: recuerdos de su vida hacia atrás. Los deja pasar, marcharse, para sumergirse —libre de ellos— en lo nuevo.

Está allí, sin más, y observa. Irradia fuerza y tranquilidad, vive el momento, está despierto. Bajó de las montañas del Himalaya y está preparado para vivir meditativamente en medio del mundo, en la plaza mayor.

- **Interpretación**
  - Búsqueda de lo nuevo, de lo desconocido
  - Espera del momento oportuno
  - Observar y abandonar el pasado
  - Serenidad y fuerza, estar despierto

IV DE BASTOS

Como espectadores, estamos invitados a meternos dentro de la carta, pasando por el arco que forman los bastos y las guirnaldas. Dos personas que están bailando nos dan la bienvenida con los brazos en alto. Al fondo vemos una fortaleza o una ciudad medieval. Esta carta es una invitación a compartir la celebración, a reír, a bailar. Sólo vale la pena vivir la vida, si se ha transformado en una gran fiesta.

La puerta está abierta; en todos los sitios somos bien recibidos. Es un buen momento para incorporarnos a otros grupos y compartir nuestra energía con los demás, así como para abrirnos a ellos y dejar caer las barreras que hemos puesto a nuestra comunicación.

- **Interpretación**
  - Celebración, optimismo, positividad
  - Alegría de vivir
  - La vida es una fiesta
  - Eres bien recibido

V DE BASTOS

Cinco jóvenes, cada uno con un basto en la mano, luchan entre sí. Pero el combate no es agresivo; es como una lucha aparente, escenificada. En esta carta vemos que el elemento fuego no puede estar quieto; su energía es el movimiento, la dinámica. Los jóvenes luchan como niños dichosos, a causa de la alegría y la energía desbordante que sienten. Es la alegría de la competición, del medirse con los demás. A ellos sólo les interesa el juego, y no el triunfo o herir al otro.

A veces podemos ver representados en estos jóvenes a los diferentes «yoes», que tan a menudo luchan entre sí en nuestro interior. Cada uno dice una cosa diferente, cada uno tiene una idea mejor. Simbolizan que carecemos de una dirección precisa, que no podemos avanzar; nos falta claridad, estamos indecisos.

- **Interpretación**
  - Alegría desbordante por la pura energía
  - Competición, comparación con los demás
  - Diferentes «yoes», las ideas luchan entre sí
  - La energía no sigue una dirección precisa
  - Indecisión

VI DE BASTOS

En esta carta vemos una marcha triunfal. Con gesto satisfecho, el vencedor cabalga montado en un bello corcel blanco. Una corona de laureles adorna su cabeza, y otra, el basto que lleva en su mano derecha. Junto a él hay hombres que le acompañan, llevando también bastos en sus manos. El vencedor irradia una sensación de éxito y optimismo. Sabe que es «bueno»; su actitud refleja la fuerza y la seguridad del líder. Es positiva y atrae el éxito y la felicidad. Él parece traer buenas nuevas. Entre los hombres que le acompañan reina la exaltación y la alegría.

- **Interpretación**
  - Triunfo, liderazgo
  - Optimismo, positividad
  - Seguridad, confianza
  - Reconocimiento en el mundo

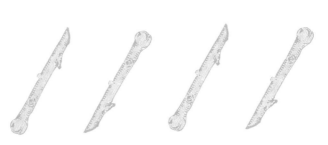

VII DE BASTOS

Lleno de miedo, un hombre sostiene con fuerza un basto en diagonal ante su pecho. Con las piernas separadas, afirma su cuerpo de espaldas a un abismo. ¿Se levantan contra él los seis bastos situados delante en esta imagen? ¿Desea el joven atacar realmente? Los seis bastos no pueden alcanzarle: el joven lucha contra espíritus.

Está tan acostumbrado a luchar, a defenderse, que no puede apreciar ya la situación tal como es; no es capaz de reconocerla. Ya no actúa, no se posiciona de forma nueva ante cada situación, sino que reacciona como una máquina. ¡Apretamos el botón y siempre se produce el mismo efecto!

Su cuerpo se ha hecho fuerte a través del combate; por eso él sólo se siente fuerte en el combate. ¿Qué le pasaría si abandonara la lucha? El joven sigue la senda del guerrero; es un samurái.

- **Interpretación**
  - Autodefensa, miedo de ser herido
  - Fortaleza que sólo se siente en el combate
  - Estabilidad, firmeza
  - Senda del guerrero, aikido

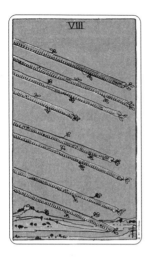

VIII DE BASTOS

A través del cielo azul, ocho bastos pasan volando por un paisaje abierto. En esta imagen no hay personas. La carta es la fotografía de un instante, el aquí y ahora. Todo está abierto.

Los bastos son ocho y el número ocho simboliza el infinito. Cada momento es infinito, no tiene presente ni futuro. Déjate llevar por el viento, no te sujetes a nada.

- **Interpretación**
  - El instante, la eternidad
  - Confianza, dejarse llevar
  - Una situación abierta, no hay ataduras
  - Vida sin pasado ni futuro

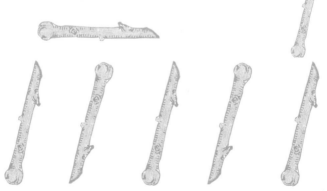

IX DE BASTOS

Ante una hilera de bastos, un joven robusto está de pie con un basto en la mano. Lleva una venda en torno a la cabeza.

Tiene recuerdos de la lucha; está lleno de desconfianza y ve enemigos por todas partes. Cualquier controversia le da motivos para asestar un golpe. De este modo, ni siquiera se hace responsable de su forma de actuar. Siempre son los «otros»; él, nunca. No tiene la menor conciencia de que su mundo lo crea él, y con ello todas las situaciones en que cae.

Tiene demasiada energía y no sabe cómo emplearla positiva o creativamente. Desconoce otros planos de conciencia que estén situados más allá de los conflictos.

- **Interpretación**
  - Predisposición a pelear en todo momento
  - Desconoce su responsabilidad en los conflictos
  - Energía destructiva, neurosis de angustia

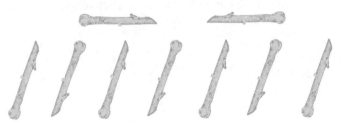

X DE BASTOS

Un hombre de brazos y piernas robustas lleva hacia delante la carga de un haz de bastos. Tiene la cabeza metida entre las varas.

Impulsado por el deseo de movimiento y dinamismo, ha caído bajo el peso de demasiadas responsabilidades y obligaciones. Éstas lo aplastan, pero él sigue y sigue andando, sin saber ya hacia dónde se dirige. ¿Por qué corre tanto? Sólo necesita detenerse; de este modo advertiría la carga que lleva y podría decidir si ésta es la mejor forma de «cargar» con sus dificultades. Ha llegado el momento de dejar caer el fajo y detenernos a observar dónde estamos. Ya hemos corrido y luchado demasiado. Estamos tan agobiados, que no podemos emplear la energía correctamente; ya no vemos.

- **Interpretación**
    - Demasiadas obligaciones y responsabilidades
    - Esfuerzos ciegos
    - Falta de metas
    - Toma distancia de tu situación. ¡Vete de vacaciones!

LAS COPAS

Tras las Espadas dolorosas y los Bastos dinámicos, hemos llegado a las Copas sensibles y receptivas. Las Copas simbolizan los sentimientos, la paz, la amistad: el principio femenino. Dar a partir de la abundancia.

AS DE COPAS

La mano que sale de la nube está abierta por primera vez. Sostiene una copa de oro de la que se vierte agua a un lago cubierto de nenúfares. Sobre ella está suspendida una paloma blanca, que tiene en el pico una placa blanca con una cruz grabada en el interior.

El As de Copas simboliza el elemento agua y el amor pletórico. Se establecen relaciones muy inesperadas. Aparece alguien cuya llegada no se ha esperado.

- **Interpretación**
  - Sentimientos, sensibilidad
  - Femineidad
  - Amor y amistad
  - Un regalo inesperado
  - Lo espiritual en lo material
  - El Santo Grial

II DE COPAS

Dos enamorados están uno frente a otro, ambos con una copa en las manos. Sobre ellos se eleva una cabeza de león alada y debajo de ésta vemos dos serpientes que se enroscan en un palo.

Las dos personas se aproximan cuidadosamente; es el comienzo de un amor, de una amistad. Cuando dos energías fluyen juntas, los dos seres que se aman son uno y se origina un tercero nuevo, que el león alado simboliza. Este tercero nuevo es más grande, más fuerte y más sabio que cada uno de los dos seres que se aman.

- **Interpretación**
  - Amor y amistad
  - Aproximación cuidadosa
  - Comienzo de un amor
  - Fusión

III DE COPAS

Tres mujeres vestidas con largas túnicas celebran una danza con las Copas en las manos alzadas. Forman un círculo. Guirnaldas de frutos se encuentran a sus pies.

Es tiempo de celebrar en compañía. La imagen expresa el amor y la alegría que compartimos con las demás personas. Los frutos esparcidos en el suelo nos muestran la riqueza y la abundancia que la naturaleza nos ofrece. Una forma de recordarnos que está llena de dones y belleza.

- **Interpretación**
  – Despreocupación, ligereza
  – Vivir, amar, reír
  – Compartir nuestra alegría con los demás
  – Los dones y la belleza de la naturaleza

IV DE COPAS

Un joven está sentado bajo un árbol con los brazos cruzados. Una copa se le ofrece desde una nube; ante él hay otras tres copas. Su mirada se dirige al suelo. Juega al niño ofendido que desea ser consolado. Se le está ofreciendo un regalo, que él probablemente ni siquiera ve. Está aburrido de su vida. Observa las tres copas situadas ante él, pero nada le interesa ya. Su pregunta es: ¿para qué hacer algo? Desea transformar el aburrimiento en meditación. Pero el peligro con las Copas es confundir la predisposición receptiva con la falta de intereses, volverse apático, pasivo.

La actitud del joven no es un ir-hacia-dentro verdadero, sino un aislamiento testarudo.

- **Interpretación**
  - La vida está llena de regalos, posibilidades, oportunidades
  - Meditación triste y aburrida
  - Testarudez y falta de intereses
  - «La hierba crece sola»

V DE COPAS

Un hombre cubierto con un manto negro observa tres copas caídas en el suelo; detrás de él hay otras dos. Al fondo vemos una fortaleza y un puente sobre un río.

Hasta que no se vuelva, hasta que no se desprenda definitivamente de las pérdidas del pasado, el hombre no podrá ver las copas situadas detrás de él. Sólo en ese momento será capaz de seguir adelante, atravesar el puente que le conduce hacia un futuro nuevo.

Mientras siga afligido por acontecimientos del pasado, sus ojos permanecerán ciegos para ver lo nuevo.

- **Interpretación**
  – Tristeza, separación, pérdida
  – Cierre de cuentas con el pasado
  – Es necesario dar un giro de 180 grados

VI DE COPAS

Con gesto amoroso, un joven ofrece a una chica una copa en el jardín de un castillo. De la copa asoma una flor blanca recién abierta. Otras cinco copas aparecen en distintos lugares de la imagen.

En un espacio cerrado podemos permitirnos ser como niños. Podemos ser abiertos, vulnerables, inocentes y confiados. Si dejamos que el niño que habita en nosotros se exprese, llenos de asombro, agradecimiento y amor, volveremos a ver el mundo como si fuera nuevo.

- **Interpretación**
  - Observamos el mundo con ojos de niño
  - Vulnerabilidad, apertura, confianza
  - El milagro de la Creación
  - Infancia o el niño que habita en nuestro interior

VII DE COPAS

Una figura negra, de espaldas a nosotros, mira siete copas suspendidas en una nube gris. En cada copa hay un símbolo.

1. ¿Qué es realidad, qué es ilusión?
2. ¿Quién soy?

Sabemos que hay cosas que parecen reales y no lo son. Y que existen fenómenos absolutamente reales, a los cuales negamos toda realidad. ¿Qué se esconde, pues, detrás de la figura en sombras?

Las copas simbolizan nuestros deseos: riqueza (las joyas), posesiones (el castillo), éxito (la corona de laureles), iluminación (la figura brillante del centro), así como los miedos vinculados a ellos: pobreza, fracaso, inconsciente colectivo (el monstruo) y sexo (la serpiente).

Si penetramos profundamente en la naturaleza de los deseos advertiremos que nunca podremos satisfacerlos. Los deseos representados en esta carta se refieren a objetos exteriores: una casa, joyas, una mujer bella, éxito...; sin embargo, la satisfacción verdadera sólo la experimentamos en el viaje hacia nuestro interior; al llegar a casa.

- **Interpretación**
  - Sueños e ilusiones
  - Deseos y frustraciones
  - ¿Quién soy?
  - Busca la satisfacción en tu interior

VIII DE COPAS

Un hombre vestido de rojo y con un bastón camina hacia las montañas que se ven al fondo. En primer plano aparecen ocho copas distribuidas en dos hileras. Parece que faltara una. La luna llena —la media luna creciente y la cara llena— brilla en el cielo nocturno.

Todas las copas están de pie, nunguna se ha caído. A pesar de ello, el hombre vuelve a hacerse a la búsqueda. Abandona una situación segura y rica —las ocho copas—, pero como parece que faltara una, algo más es posible. La media luna creciente y la esfera llena que forman una unidad nos indican que a la plenitud sigue el vacío y al vacío la plenitud... Y así el hombre abandona las copas llenas. No está insatisfecho, pero algo parece llamarle. Va en busca de la liberación total, de la iluminación. Quizás sienta que una situación llega a su fin y prefiere irse antes de que el final repentino estalle con violencia. Tiene que partir, seguir su energía que ya se encuentra de camino hacia lo desconocido. Esta carta nos recuerda la carta del Ermitaño (IX).

- **Interpretación**
  - Más es posible, plenitud y renuncia
  - Abandonar, desprenderse de lo adquirido
  - La búsqueda continúa
  - Sigue tu intuición
  - Una llamada, anhelo

IX DE COPAS

Un hombre regordete y vestido de blanco está acomodado en un banco con los brazos cruzados. Está sentado delante de un semicírculo formado por nueve copas.

No quiere saber nada de renuncias, autodisciplina o crecimiento con esfuerzos. Ha reunido muchas cosas bonitas, sacado muchos diplomas, almacenado buenos vinos. Satisfecho, está sentado en su banco y prefiere disfrutar con su actitud de no hacer nada. Le gustan las celebraciones.

Es feliz y sabe que tiene algo para dar; su sonrisa de autocomplacencia nos indica que está acostumbrado a que los demás se dirijan a él. No necesita correr el riesgo de dar el primer paso para dirigirse a los demás. En este caso, el dar se transforma en un «comercio», en un juego de picaresca.

- **Interpretación**
  - Celebrar la buena vida
  - «Zorba el Buda», no hacer nada
  - Autocomplacencia, arrogancia
  - Nos sentamos sobre lo que tenemos
  - Miedo de dirigirse a los demás

X DE COPAS

Con los brazos en alto, una pareja observa un arco iris adornado con diez copas. Junto a ellos bailan dos niños. La imagen nos muestra una vida familiar feliz. Simboliza cualquier lugar, cualquier grupo humano, donde nos sentimos como en casa. Los dos mayores contemplan el milagro del arco iris y ven en él los regalos que la vida nos ofrece: amor, alegría, felicidad, satisfacción. Están agradecidos, pues también conocen la otra cara de la medalla. Ya han pasado por las situaciones de las Espadas y los Bastos. Los mayores conocen el dolor, mientras que los niños sólo esperan de la vida alegría y felicidad. Se miran a los ojos y no atienden al arco iris. Esta carta simboliza el amor y la felicidad como regalos. Una clase de amor que no podemos «ganar» ni «trabajar».

• **Interpretación**
  – Amor y felicidad como regalos
  – Satisfacción por medio del amor, satisfacción en el grupo de pertenencia
  – Agradecimiento y reconocimiento
  – Satisfacción

Los Oros

As de Oros

En la mano dorada que sale de la nube gris hay una moneda de oro. Debajo vemos un paisaje ajardinado con bellos setos adornados con rosas y lilas. Un camino lleva, a través del portal del jardín, a las altas montañas situadas al fondo.

El As de Oros representa el elemento tierra. La estrella de cinco puntas en el interior de la moneda es un pentáculo. Cada punta de estrella simboliza un elemento: fuego, tierra, agua, aire y éter. Una punta está orientada hacia arriba, hacia la verdad, la divinidad. La energía de Dios, que palpita en todo lo que existe, se reparte en los cinco elementos. Éstos son fuerzas de características diferentes: la cualidad de la fuerza agua es diferente de la cualidad de la fuerza tierra, de lo material, lo sólido. Y así encontramos la divinidad en cada regalo, en cada brizna de hierba, en cada árbol y en nosotros mismos.

Al reconocer esto, abandonamos el jardín, pasamos por su puerta y nos dirigimos hacia el camino de la libertad. Las montañas al fondo nos indican que nada sabemos. El mundo está lleno de maravillas, es un verdadero misterio. No sabemos por qué, ni de dónde vienen los regalos ni cuándo dejaremos de tenerlos. Tómalos, acéptalos y aprende a soltarlos.

- **Interpretación**
  - La vida es un misterio
  - Los cinco elementos como manifestación de las energías divinas
  - Nosotros y todo lo que nos rodea es divino
  - Aceptar y soltar los regalos
  - El sí

II DE OROS

Un malabarista, un prestidigitador, juega con dos monedas de oro enlazadas por una cinta en forma de ocho. Al fondo los barcos se balancean sobre las olas del océano.

El hombre juega con diferentes perspectivas y posibilidades, manteniendo su centro. No pierde el equilibrio. Ha aceptado su indecisión completamente. La cosas son algunas veces de un modo; otras veces, de modo distinto; unas cosas vienen y otras van. Si aparece una situación nueva, el prestidigitador está abierto para recibirla.

Las olas del océano que parecen simbolizar sus sentimientos son tempestuosas, pero él cabalga sobre ellas como un surfista, como los barcos que se adaptan al movimiento de las olas. No se hunde a causa de sus emociones; las observa.

- **Interpretación**
  - Hacer de la vida un arte
  - Mantener el centro, equilibrio
  - Indecisión, juego con diferentes alternativas
  - El «observador» de sus sentimientos y estados de ánimo

III DE OROS

En un edificio que parece una iglesia vemos un escultor ocupado en su tarea. Ante él se encuentran el Monje y el Mago, que le muestran el boceto. Los oros forman un triángulo.

Esta carta te muestra que estás trabajando en tu crecimiento interior. Hay dos personas que pueden ayudarte, aconsejarte, pero es asunto tuyo el modo en que realizarás tu trabajo.

El artista trabaja en su obra; fusiona la precisión técnica con la creatividad y el amor. Se entrega totalmente a su trabajo, se realiza a través de él. Si nuestra energía no encuentra un cauce creativo, nos autodestruimos.

La imagen nos muestra la unión entre trabajo y meditación. Las personas trabajan en equipo, viven en una comunidad religiosa. No persiguen objetivos personales, no trabajan para lograr un resultado; viven el momento prestando absoluta atención a él. Encuentran realización en el acto mismo, a causa de la totalidad y entrega que los colma al realizarlo.

- **Interpretación**
  - Creatividad y amor en el trabajo
  - Autorrealización, totalidad
  - Trabajo como meditación
  - Comunidad religiosa

IV DE OROS

Un hombre está sentado en un pedestal, de espaldas a una ciudad medieval. Bajo sus pies, sobre la corona y entre sus manos, se encuentra una moneda de oro.

El hombre está sentado sobre su energía. Mantiene sujetados con fuerza su amor y su dinero. Parece que estuviera pensando continuamente si lo mejor es dar algo o retenerlo todo. Y así pierde la oportunidad de abrir su corazón a los demás y fusionarse con ellos. El amor que no compartimos con los demás, se pone «rancio».

El flujo de la energía hacia afuera está bloqueado. El hombre prefiere la soledad y la avaricia, antes que ver disminuir en un ápice su seguridad económica. Sufre de estreñimiento.

- **Interpretación**
  – El avaro
  – Aferrarse a la seguridad
  – Oportunidades perdidas, soledad
  – Energía bloqueada

V DE OROS

Dos mendigos —uno de ellos con una muleta— pasan en una noche de invierno ante la ventana de una iglesia adornada con cinco monedas de oro.

Los mendigos se han acostumbrado tanto a su situación, que ya ni siquiera buscan oportunidades para cambiarla. Se ven a sí mismos como mendigos, piensan como mendigos, se comportan como mendigos. Y esta creencia es lo que limita su percepción. No ven la ventana de la iglesia cálidamente iluminada, la luz.

También a nosotros nos cuesta soltar los problemas y el dolor, ya que esta situación es más cómoda que cambiar. Incluso los disgustos, a los que permanecemos aferrados, nos dan seguridad. De momento los esfuerzos de los mendigos están consagrados a sobrevivir y no les queda nada para emplear en los valores religiosos. Comer es el alimento del cuerpo, así como el amor es el alimento del alma. Los mendigos carecen de las dos cosas.

No obstante, están a un paso de la satisfacción. Todo está al alcance de nuestra mano. Sólo debemos llamar a la puerta.

- **Interpretación**
  - Pobreza, enfermedad
  - Resistencia en tiempos difíciles
  - Agarrarse a los problemas y al dolor
  - Acostumbrarse a una situación

VI DE OROS

Un hombre rico sostiene una balanza con la mano izquierda mientras da dinero con la derecha a dos mendigos.

¿Con qué figura te identificarías? ¿Eres el mendigo o el que da?

A primera vista advertimos que se da y recibe ayuda. El hombre rico parece desinteresado y generoso. Comparte su alegría con los demás. Pero no da sin calcular; mide con su escala de valores el número de monedas que desea dar.

¿Qué obtiene a cambio? Alimenta su ego, siente que es una buena persona, que es superior a los demás. El juego que él juega es un juego de dominación. Pues el débil necesita del fuerte tanto como éste del débil, para seguir siendo fuerte. Los dos están recíprocamente condicionados. Pero como son responsables de sus vidas, pueden decidir si quieren seguir o abandonar el juego.

Ni los mendigos son «el pobre explotado», ni el rico «el generoso» desinteresado. También ellos tienen que pagar un precio por lo que reciben; en este plano nada es gratis.

- **Interpretación**
    - Dar y recibir ayuda
    - Trabajo social
    - Jerarquía, juego de dominación

VII DE OROS

Un joven se apoya sobre un bastón mientras observa un arbusto verde adornado con siete monedas. El color de sus zapatos no combina. Ha sembrado las simientes y ahora espera a que germinen. Ha trabajado consigo mismo y se pregunta si lo ha hecho bien.

Todos somos como semillas, puro potencial, pero debemos hacer brotar las semillas. Hacer que se abran, y no sabemos lo que va a salir. Pero debemos confiar. Es un buen momento para no hacer nada, para esperar —pacientes y despiertos—, para observar.

El hombre de la carta parece no creer realmente que algo bello pueda surgir de lo que ha sembrado.

Lleva zapatos de color diferente; está «entre» dos situaciones: ha trabajado, pero no ve aún los resultados. La duda lo carcome. Confía: si has sembrado rosas, florecerán rosas.

- **Interpretación**
  - Espera, paciencia
  - Todo necesita tiempo para crecer
  - Confianza y dudas
  - La semilla como potencial

VIII DE OROS

En la carta vemos un artesano que trabaja con martillo y cincel, fabricando una moneda. Ya ha hecho siete.

Es un hombre sencillo. Encuentra su satisfacción en la entrega al trabajo. Se halla plenamente concentrado en la tarea; él y su obra son uno. Los esfuerzos ya han desaparecido y su trabajo se ha transformado en juego. A pesar de ello, no se aísla de las demás personas. Al fondo vemos la ciudad, la comunidad, y a ella vuelve por las noches. La imagen irradia belleza, la belleza que encontramos en las cosas sencillas, normales, cotidianas. El hombre de la carta ha descubierto que no tiene que consumar nada «extraordinario». Su satisfacción no depende del éxito o fracaso de su trabajo. En esa actitud está su felicidad.

- **Interpretación**
    - Autodisciplina interior
    - Meditación sobre el trabajo
    - El trabajo es un juego
    - Independencia del éxito o del fracaso
    - Belleza en la sencillez

IX DE OROS

Esta carta nos muestra a un hombre que sostiene un cóndor en su mano izquierda. Está solo en un frondoso jardín. Detrás de él, entre los racimos de vid, aparecen nueve monedas de oro.

El hombre ha logrado todo lo que podía lograr. Su riqueza interior se corresponde con la exterior. Está solo, pero no aislado, ya que no echa de menos a los demás. Encuentra su satisfacción en sí mismo. Sin embargo, su rostro más que felicidad comunica una cierta tristeza. Más que relajado y espontáneo parece preocupado y tenso.

Él ha elegido conscientemente el camino que debía andar y ha dejado muchos deseos en ese camino. Sabe que al elegir una cosa se excluyen otras.

Entre muchas posibilidades, en un momento sólo puedes elegir una. Si eliges, por ejemplo, el camino de la soledad, debes renunciar a estar en compañía. El hombre sabe que ha tomado la decisión correcta; sin embargo, su rostro expresa el dolor de la renuncia. Conscientemente, pone una inteligencia aguda —simbolizada por el cóndor— al servicio de su crecimiento personal. La domestica con decisiones claras, que proceden de su corazón.

- **Interpretación**
  - Estar solo
  - Riqueza interior y exterior
  - Renuncia consciente
  - Sabiduría
  - Armonía consigo mismo y con el entorno

X DE OROS

Esta carta nos muestra una escena familiar medieval. Diez monedas de oro están distribuidas por la imagen.

¡Bienvenido a casa! ¡Al fin hemos llegado! Esta es la mayor riqueza interior y máxima posición exterior de seguridad, abundancia y paz que podemos lograr.

El hombre mayor, el arquetipo del «viejo sabio», pasó por todas las cartas de los Arcanos Menores. Vio y experimentó todo lo que puede pasar en una vida humana. Permitió que todas las situaciones le enseñaran algo.

Ahora está sentado al otro lado del patio y observa la escena. La pareja joven no le hace caso. Ellos están ocupados en su propia situación. Sólo el viejo puede ver que esta vida, que nosotros nos tomamos tan en serio, no es más que un juego. Y que nosotros somos sus actores.

La vida sobre la tierra existe para que nos enfrentemos con situaciones de aprendizaje que nos permitan advertir que no tenemos que alcanzar nada, que ya hemos llegado «a casa», que por naturaleza somos bienaventurados. Sólo que se nos había olvidado.

Sin embargo, mientras no seamos conciencia pura, nuestros pensamientos no dejarán de crear un mundo falso en torno de nosotros. Todos nos creamos un mundo mágico, nos inventamos situaciones y problemas, y luego nos parece haber caído en ellos. Somos nosotros los que nos creamos el cielo o el infierno... hasta descubrir una tercera posibilidad.

El creador del cielo y la tierra —la razón— ya puede jubilarse; el nuevo estado es la meditación. Sólo después estaremos preparados para lo desconocido, el misterio, la realidad verdadera.

- **Interpretación**
  - Hemos llegado a casa
  - Riqueza del alma y situación exterior segura
  - El «sabio viejo»
  - La vida como juego

Las Tiradas del Tarot

Introducción

Ahora ya conocemos toda la baraja del Tarot y una interpretación posible para cada carta. Antes de comenzar con las reglas es bueno saber y recordar que es muy importante respirar profundamente.

La preparación para cada tirada consiste en mezclar las cartas. Mezcla las cartas con mucho cuidado y siéntelas en tus manos.

Dispón luego las cartas, tapadas frente a ti, de modo que formen un semicírculo.

Cierra los ojos, respira profundamente y formula tu pregunta con absoluta claridad. Pasa la mano izquierda por encima de las cartas hasta sentirte atraído por una de ellas. Coloca la carta frente a ti, vuélvela y obsérvala detenidamente. Trata de formular lo que la carta te dice. Somos luz, conciencia, inteligencia; también vida, sentimientos, vitalidad, nuestra respiración y nuestros ojos.

Si echas las cartas a otra persona, presta atención a lo siguiente: abre tus ojos y respira profundamente. Los ojos deben estar muy abiertos, porque debes observar cuidadosamente a la persona que se halla frente a ti, hasta entrar en comunicación profunda con ella. Y esto no tiene nada que ver con estudiar al otro; significa, sencillamente, situarse ante el otro, dar un salto a un plano compartido. Observa la carta extraída y a la persona que la extrajo, y trata de encontrar una relación intuitiva entre la carta y la persona. Mientras observas, se intensificará tu conciencia y fluirá hacia ti mucha información intuitiva. Cuando echamos las cartas a otras personas sentimos sus emociones profundas. Y esto es de gran ayuda. Deja que fluyan también tus emociones, que broten lágrimas de tus ojos hasta que irrumpa la risa, y ríe hasta que lleguen las lágrimas.

En la tirada del Tarot la respiración es lo más importante, ya que una respiración profunda permite que afloren las emociones que se hallan inmediatamente por encima del plano superficial de la conciencia. A través de la respiración tomas conciencia de tus emociones. Y sólo podrás acceder a un plano nuevo de conciencia cuando hayas pasado a través de todos tus sentimientos y emociones.

Deja de lado la seriedad; la vida no es seria, es una opereta, y el Tarot es un juego dentro del juego.

Si consultas el Tarot, sé sincero. La relación del Tarot con la vida es como la del Monopoly con la vida de negocios real. El modo de relacionarte con el Tarot te muestra cómo te relacionas con tu propia vida, así como el juego del Monopoly te permite comprobar qué clase de persona de negocios eres. El Tarot te devuelve lo que tú le has entregado. Si quieres escuchar una respuesta verdadera ofrécele la verdad. Retén lo positivo de las cartas y no te aferres a lo negativo.

Y ahora, la última regla: en primer lugar, encuentra tú mismo lo que la carta extraída significa para ti; luego consulta el libro, para aprender a comprender mejor los símbolos y obtener pistas para la interpretación. El Tarot puede ayudarte a que te veas a ti mismo. Te confirma o rechaza la imagen que tienes de ti. La respuesta que te ofrece el Tarot es una propuesta para que te veas de otra manera. Si la tomas o no, lo decides tú, pues eres tú quien debe determinar sobre tu propia vida.

Visualización

Un buen camino para introducirte con más profundidad en las cartas es cerrar los ojos e imaginarte la carta detalladamente con tu ojo interno. Al aspirar, visualiza la imagen con claridad. Esta técnica puede intensificarse hasta lograr una experiencia tridimensional. Cuando la escena representada en la carta es lo suficientemete grande en nuestra imaginación, podemos meternos en el plano de la imagen, situarnos en ella, mirar a las figuras a los ojos, hablar con ellas, observar minuciosamente el espacio con todos nuestros sentidos. También podemos dirigirnos al fondo, al segundo plano de la escena, y observar el conjunto desde allí. Al finalizar la visualización es aconsejable dejar que la imagen se vaya, con la ayuda de algunas respiraciones, y así volver a la realidad cotidiana.

Sueños

Otra posibilidad que nos brindan las cartas del Tarot es proponerse soñar con una carta determinada. La representación visual debe ser muy clara y hay que repetirla varias veces. Al despertar al día siguiente debemos tratar de imaginar visualmente otra vez el sueño con los ojos cerrados y escribirlo inmediatamente.

A continuación presentaremos diferentes técnicas de echar el Tarot, las cuales proceden en parte del Tarot tradicional. Estas tiradas te ofrecen la posibilidad de entrenar tu intuición y de adquirir seguridad en tu relación con el Tarot. Posteriormente podrás trabajar con el Tarot sin depender de modelos fijos y guiarte por tus emociones, tu espontaneidad y tu sensibilidad.

Finalmente, una observación sobre el «futuro». En algunas reglas del juego aparecen las dimensiones temporales pasado, presente y futuro. Es muy conveniente comprender claramente que el futuro no existe. Es sólo una dimensión psicológica; sólo el presente puede experimentarse realmente. El futuro sólo puede aludirse o imaginarse, pero estas representaciones son también una parte del presente. El futuro no puede determinarse desde fuera; lo determina nuestra propia responsabilidad. Existen muchas posibilidades de futuro porque el presente está lleno de puertas que podemos abrir o cerrar. Cada decisión tomada en el presente abre nuevas posibilidades, ofrece nuevas alternativas.

Técnicas para echar el Tarot

✥ La tirada de tres cartas ✥

Es una de las tiradas más sencillas y que resultan de gran ayuda si deseamos consultar sobre un asunto concreto.

La carta de arriba, la de la cabeza, representa el pensamiento, la valoración consciente de la pregunta. La carta del corazón representa los sentimientos, lo inconsciente. La carta del vientre es el plano más profundo y descubre lo que es a veces completamente inconsciente.

⊕ La tirada de cinco cartas ⊕

Esta tirada es apropiada para esclarecer los pros y contras de una situación y orientar los pasos a seguir.

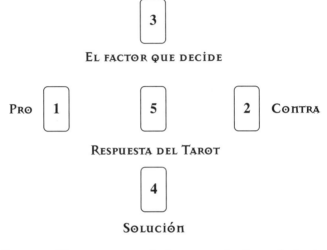

La carta (1) representa todo lo que está a favor de la situación; la carta (2), lo que se le opone. La carta (3) representa el «juez», el factor que decide entre ambos. La carta (4) propone una solución al problema.

La carta (5) se obtiene del modo siguiente: se suman los valores de las otras cuatro cartas —la Sota, el Caballo, la Reina y el Rey tienen los valores 11, 12, 13 y 14, respectivamente—. Si el resultado es superior a 22, se suman las cifras del número obtenido, por ejemplo: 14 + 12 + 6 + 9 = 41; 4 + 1 = 5. El resultado es el Arcano Mayor 5, el Sumo Sacerdote. Si el resultado de la suma es 22, la carta que le corresponde es el Loco. La carta (posición 5) del Arcano Mayor ofrece pautas para resolver el problema.

⊕ La tirada de siete cartas ⊕

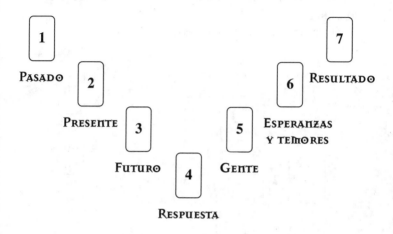

Esta tirada es apropiada si existe una pregunta muy concreta. La carta (1) representa la influencia que el pasado ejerce sobre nosotros; la (2), el presente; la (3), el desarrollo futuro posible; la (4), la respuesta; la (5), las personas y energías que rodean al consultante; la (6), las esperanzas y los temores relacionados con la situación, y la (7), el resultado posible.

⊕ La tirada de diez cartas ⊕

Esta tirada es poco apropiada para dar una respuesta concreta; es más bien un tirada para la situación general del consultante.

Se sacan diez cartas del mazo y se las dispone del modo siguiente:

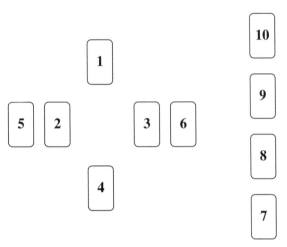

1. Carta de la cabeza, lo consciente.
2/3. Cartas del corazón, los sentimientos, las contradicciones, diferentes aspectos de la esfera emocional.
4. Carta del vientre, del inconsciente, la raíz.
5. Pasado.
6. Futuro.
7. Tú en relación contigo mismo.
8. Tu relación con los demás y la relación de ellos contigo.
9. Esperanzas y temores.
10. Perspectiva, indicación, síntesis, resultado.

⊕ El árbol de la vida ⊕

Esta tirada es una interpretación libre del árbol de la cábala, del que se tomó también la estructura. El árbol está formado por tres triángulos situados uno encima del otro y por una carta base. Los tres triángulos representan la cabeza, el corazón y el vientre. Las tres cartas de la izquierda, la parte masculina; las cuatro del medio, el centro, y las cartas de la derecha, la parte femenina.

⊕ La tirada de los chakras ⊕

Los chakras son centros de energía sutil del cuerpo. El primer chakra es el chakra raíz y está en relación con la producción de nuestro cuerpo físico y vinculado al sentido del olfato y al elemento tierra. El segundo chakra es el chakra del sexo, vinculado a la reproducción y la relación con los otros cuerpos. Es el centro del sentido del gusto y se relaciona con el elemento agua; quiere fluir. El tercero es el chakra del vientre, busca expansión y calor, da luz y vida. Su elemento es el fuego y está relacionado con el sentido de la vista.

El cuarto centro es el chakra del corazón. Es la experiencia del amor, de estar con otro, y se relaciona con el contacto. Es el centro del aire, de la respiración; quiere moverse, abrirse paso, relacionarse. El quinto centro es el chakra de la garganta. Se relaciona con el espacio, la expresión, la creatividad y el sonido. Su elemento es el éter, la quinta esencia alquímica que contiene fuego, agua, tierra y aire. Su sentido es el oído.

El sexto chakra es el tercer ojo, lo visionario, la intuición, el sexto sentido. Está relacionado con los pensamientos y la dimensión temporal. El séptimo chakra es la corona del ser, la conciencia, el ser puro.

⊕ Tiradas abiertas ⊕

En las tiradas abiertas nos guiamos totalmente por las cuestiones que formula el consultante. Cada carta que se va sacando es el resultado de la formulación de una nueva pregunta por el consultante.

Se puede sacar una carta para los diferentes aspectos de la personalidad, para las relaciones de estos aspectos entre sí, para la relación del consultante con otras personas y consigo mismo, o simplemente para ese día, para una cita, un trabajo, etc.

Las posibilidades son ilimitadas y es el lector quien debe encontrar cada vez la forma apropiada, dar rienda suelta a su espontaneidad y creatividad.

El Autor

MARIO MONTANO nació en Italia en 1943. Se doctoró en filosofía y durante diez años trabajó como docente en diferentes universidades de Estados Unidos. Es el fundador del Tarot y de la astrología intuitivos e imparte seminarios en Alemania y el extranjero desde hace diez años. Es coautor de los libros: *The Unknown Dimension*, Nueva York, e *Il Tarocco intuitivo*, Milán, 1978.

La presente obra se publicó por primera vez en el verano de 1984 en colaboración con Rupda Irene Bürgel y Andrea Zeugner.

Rupda Irene Bürgel nació en Alemania en 1957. Especialista en técnicas de sanación (masaje terapéutico, Reiki) y terapeuta en seminarios de Tarot, tiene desde hace seis años su propia consulta con atención de pacientes en forma individual y en grupos.

Andrea Zeugner, médica y fisioterapeuta (terapia respiratoria), trabajó durante ocho años en diferentes países de Europa, en los que dirigió grupos de Renacimiento. En la actualidad vive y trabaja como médica en Friburgo.

De esta misma editorial

DOREEN VIRTUE

EL PODER DE LOS ARCÁNGELES
Tarot de 78 cartas y libro guía
Con la ayuda de las cartas de *El Poder de los Arcángeles* recibirás la guía de los arcángeles y obtendrás la fuerza y el impulso que te permitirán realizar cambios positivos y progresar en tu vida.

MENSAJE DE TUS ÁNGELES
Lo que tus ángeles quieren que sepas
Doreen Virtue ha basado estas cartas en sus propias lecturas de los ángeles, usando las preguntas más frecuentes y las respuestas angélicas para crear una baraja definitiva tanto para principiantes como para personas experimentadas.

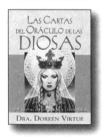

LAS CARTAS DEL ORÁCULO DE LAS DIOSAS
44 cartas del oráculo y libro guía
La guía que las acompaña te ayuda a obtener lecturas precisas para ti mismo, tus seres queridos y tus clientes. Seas un principiante o experimentado profesional, encontrarás que trabajar con las diosas aporta la magia Divina a tu vida.

www.alfaomega.es

De esta misma editorial

DOREEN VIRTUE

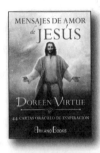

MENSAJES DE AMOR DE JESÚS
44 cartas oráculo de inspiración
Sea cual sea tu relación con Jesús, seguro que estas cartas te reconfortarán y te colmarán de amor.

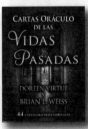

CARTAS ORÁCULO DE LAS VIDAS PASADAS
44 cartas oráculo y libro guía
En la guía que acompaña a las cartas encontrarás las claves para comprender tus propios comportamientos y aprenderás a superar tus bloqueos negativos para disfrutar de más felicidad, bienestar y amor.

MENSAJES MÁGICOS DE LAS HADAS
Cartas oráculo
Cada carta contiene un primoroso dibujo de hadas y un mensaje o una respuesta. Todas las ilustraciones y mensajes son adecuados tanto para niños como para adultos.

www.alfaomega.es

De esta misma editorial

ORÁCULO DE LA SABIDURÍA

Para tomar decisiones en la vida. libro y 52 cartas adivinatorias

COLETTE BARON-REID

El oráculo está esperando a que lo consultes para ofrecerte sus respuestas e indicarte el camino hacia la paz, la prosperidad y el amor.

ORÁCULO DE LOS CHAKRAS

La guía espiritual que transformará tu vida

TORI HARTMAN

Encuentra respuestas, aclara dudas, descubre lo que buscas y realiza tus sueños apelando a la sabiduría de este extraordinario sistema de adivinación.

www.alfaomega.es

De esta misma editorial

LA BOLA DE CRISTAL

TITANIA HARDIE

Abre esta caja y podrás abrir tu mente a tu propia habilidad de «ver» el futuro.

EL KIT DEL PÉNDULO

SIG LONEGREN

La manera más fácil de adivinar el futuro, predecir acontecimientos y responder preguntas sobre la salud, el trabajo y el amor.

www.alfaomega.es

De esta misma editorial

EL MAPA ENCANTADO
54 cartas-oráculo y libro guía

COLETTE BARON-REID

El mapa encantado ha sido creado para ayudarte a comprender el sentido de tu vida, la historia de tu destino y el poder de tu libre albedrío.

MAGIA DE LA TIERRA
48 cartas-oráculo y libro guía

STEVEN D. FARMER

En las 48 cartas de este oráculo podrás hallar descripciones e imágenes de muchos de esos elementos de la Tierra junto con mensajes claros y concisos de sus respectivos espíritus.

www.alfaomega.es

*Para más información
sobre otros títulos de*
ARKANO BOOKS

visita
www.alfaomega.es
*Email: alfaomega@alfaomega.es
Tel.: 91 614 53 46*